힘
내
요
앞으로
5km야~
골까지
앞으로
5km…
헉 헉
아직
5km나
남았다니
하지만
종반
그 5km가
가장 멀고
괴로워요…
앞으로
조금만
더
힘
내
요
그런 때
길가에서
강아지를
보면
말이죠…
…라고
의외로
항상
진지하게
생각
합니다
1km라도
좋으니까
대신
달려줘~!!
헉
그…
거기
강아지!!
멍

힘내라~
꺄 꺄
힘내요~
길가에서 어린아이들이 응원을 해주면요....
귀여워서 진짜 기분이 좋아져요. ♥
마음이 따끈따끈 따뜻해집니다. ♥
짝 짝
자, 힘을 내요~
할아버지, 할머니의 응원을 보면...
힘내요?!!
가끔 억지로 응원에 참가당한 개도 발견하는데요....
물론 이것도 완전 좋아해요. ♥♥♥
와~
파이팅~
뀨ー뀨
뀨
데헤2.

뛰고 먹고 마시고 즐기고

해외 마라톤 Run Run!

다카기 나오코 글·그림

살림

수고했어요 모임
건배~!!
와-
4년째 완주 축하해요~!!
4년 차의 풀 마라톤에서는 각자 베스트 기록을 갱신할 수 있었고요.
오사카 마라톤 2011
4 : 07 : 27
오사카 마라톤 2011
4 : 17 : 06
도쿄 마라톤 2011
4 : 41 : 43
초보다웠던 1년 차 3인
콩맘 먹고 10km 대회에 참가해봐요!!
꺄~ 10km?!
뛸 수 있을까~
헉~
마라톤을 시작한 지 어느덧 5년이 흘렀습니다….
그런 셋에게는 언젠가 꼭 가보고 싶다고 동경하던 대회가 있었어요.
하지만 늘 둘이 당첨이 안 되는걸~.
노리코 씨 혼자만 도쿄 마라톤에 당첨되니까 그렇지!!
그리고 보니까 그러네….
요론도 오사카도 다카기 씨와 둘이서…
1년 차에 나갔던 호놀룰루 마라톤뿐이야~.
근데 말이야~ 잘 생각해 보니까 셋이 함께 풀 마라톤에 나간 건…
주자 중 많은 사람이 분장을 하고 달리는, 축제처럼 즐거운 대회라고 해요….
와
와
위
CHATEAU
CHATI
와인 산지로도 유명한 지방답게 마라톤 급수소에선 와인을 마구 주고요….
바로 프랑스 보르도 지방에서 매년 9월에 열리는 '메독 마라톤'입니다!!
FRANCE
※ 종목은 풀 마라톤만 있음

얼마 전에 일 때문에 가토 씨와 타이완에 갈 기회가 있었는데요….
앗, 맞다. 타이완 분들에게도 가자고 해볼까요?
마시자, 보르도 와인!!
와~!!
좋아, 가자, 프랑스!!
짝짝
오랜만에 셋이 함께 이 대회에 출전하기로 했습니다.
그래서 얘기를 꺼내봤는데 타이완 분들도 참가하겠다고 전해왔어요.
그 네 분도 참가하고 싶다고!!
아주 신났던 데요!!
오~!!
흥미가 있는 듯 했어요.
Oh~
아하하
very good!!
葡萄酒 馬拉松?
다 와인을 좋아함
이런 대회가 있는데요~
타이완에서 저의 책을 출간하는 현지 출판사 분들한테 메독 마라톤 이야기를 했더니,
자아, 이번 대회에선 어떤 일이 펼쳐질까요…?
와 와 와 와
이번엔 출발 전에 준비해야 할 것들이 참 많을 것 같아요….
앗, 그러고 보니 어떤 분장을 할지도 생각해야 해~!!
모처럼 가는 건데 파리 관광도 좀 하고 싶어~.
프랑스 처음이야~
보르도 와인에 대해 조금 예습을 하는 게 낫겠죠!!
프랑스
공부하며 마시는 모임을 해볼까요~
그렇게 되어 어쩐지 떠들썩한 대회가 될 것 같습니다….

차례

CHAPTER.1

와인을 마시면서 달리는 메독 마라톤으로 GO!

CHAPTER.2

동경하던 도쿄 마라톤에 자원봉사자로 참가하다

야~!!

영차
영차
RUN RUN

인물 소개

다카기 나오코(작가)

마라톤 5년 차에 돌입.
맥주를 즐기지만 최근엔 와인이나
일본주에도 흥미가 많음.

가토 씨

친숙한 담당 편집자.
맛있는 것을 추구하며 낮이고
밤이고 뛰어다니는 중.

노리코 씨

연습을 열심히 하는 노력가.
대회 날에는 자주 카스텔라를
가지고 옴.

우루시다니 씨

소믈리에 자격증을 가진
와인숍 에노테카의 점장.
지역 축제에서는 신의 가마를 메곤 함.

▶ 유미코 씨

광고대리점에 근무하는
미인 커리어우먼.
게다가 요리도 잘함.

▶ 긴 선생님

의지가 되는 분.
엄청 인기 있는 카리스마 마라톤 코치.
해외 마라톤 대회에 대해서도 빠삭함.

▶ 타이완 팀

본인 책의 타이완판으로 신세를 지고 있는
따티엔 출판사의 직원분들.
『배빵빵 일본식탐여행 한 그릇 더!』에도
즐겁게 등장함.

어이~
어이~
RUN
RUN
하-

CHAPTER 1
와인을 마시면서 달리는
메독 마라톤으로
GO!
RUN RUN

※메구미: 일본 에도 시대에 도시의 소방을 담당했던 조직이다.

노리코 씨가 이런 걸 좀 얇게 만들어 준다면….
화재 장비니까…
헉~ 이렇게 두꺼운 거 입고는 도저히 못 달릴 거야~.
무리야 무리!!
묵직…
메구미 의상은 잘 팔지 않는데다가 꽤 고가에 무게도 엄청 나간다는 사실을 알게 됐어요.
이 가게는 어떨 까요~?
축제 용품
睦 祭
그렇게 되어 메구미 분장을 팔 것 같은 아사쿠사에 가봤는 데요….
파티용품
이런 가면도 쓰고 달릴까~.
괜찮네요~!!
그 후에 축제다운 아이템도 더 사서 분장 준비는 일단 종료했습니다.
이거면 일본의 역사적인 축제 의상 이죠~!!
메구미 기획은 망했지만…
祭 祭 祭
셋이서 색깔만 다르게 함
결국 가격도, 무게도 가벼운 축제용 상의 세 벌을 구입 했어요.
에노테카 히로 본점
ENOTECA
New World Wine Fair!
그리하여 와인숍인 에노테카에서 보르도 와인 강습을 받기로 했어요.
솔직히 와인은 종류가 너무 많아서 뭘 사야 할지도 잘 모르겠어….
좌 르 르
그리고 와인도 최대한 많이 마신 다음, 독자적으로 연구하려 했지만 요….

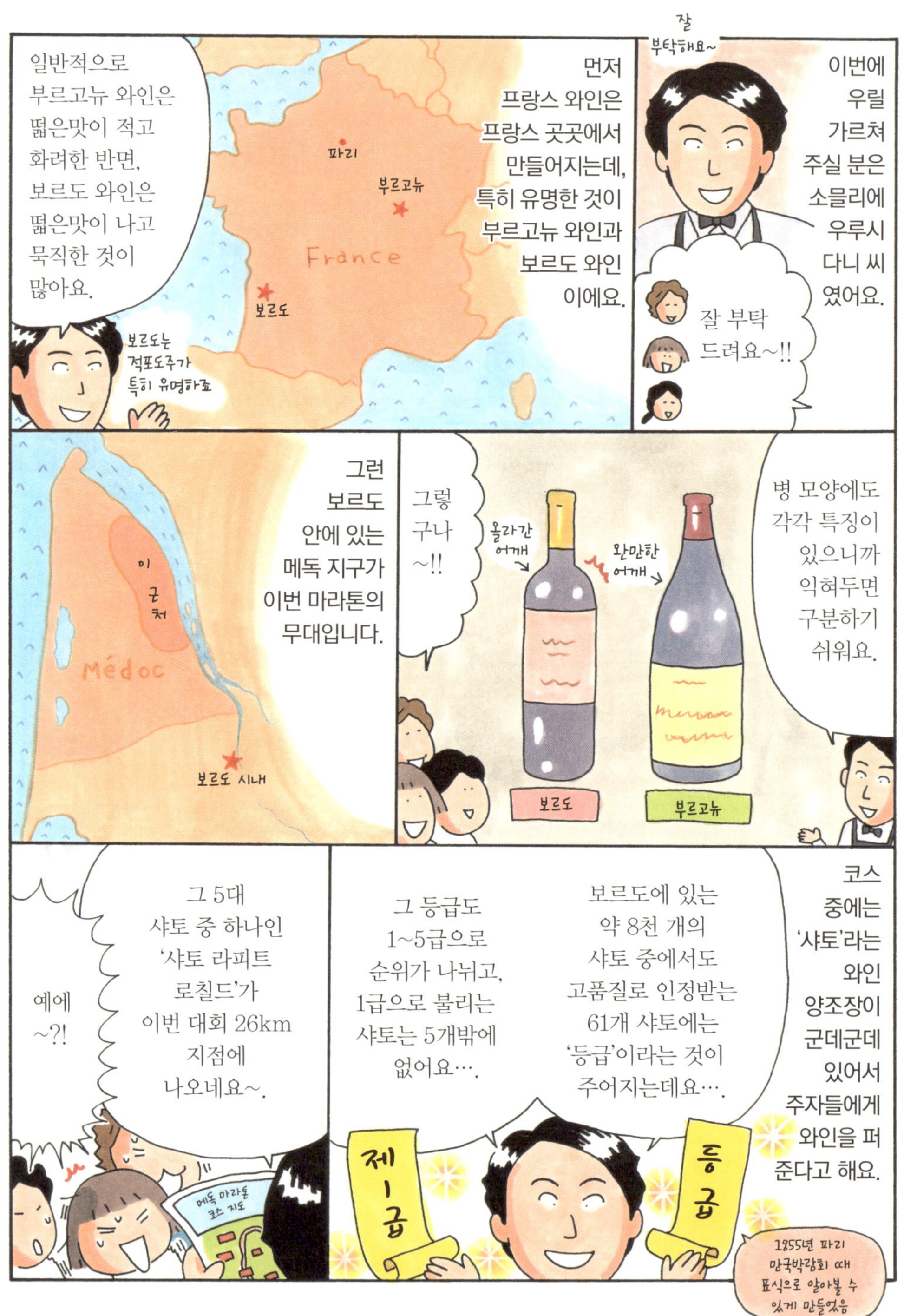

일반적으로 부르고뉴 와인은 떫은맛이 적고 화려한 반면, 보르도 와인은 떫은맛이 나고 묵직한 것이 많아요.
보르도는 적포도주가 특히 유명하죠
파리
부르고뉴
France
보르도
먼저 프랑스 와인은 프랑스 곳곳에서 만들어지는데, 특히 유명한 것이 부르고뉴 와인과 보르도 와인 이에요.
잘 부탁해요~
잘 부탁 드려요~!!
이번에 우릴 가르쳐 주실 분은 소믈리에 우루시다니 씨 였어요.
그런 보르도 안에 있는 메독 지구가 이번 마라톤의 무대입니다.
이 근처
Médoc
보르도 시내
그렇구나~!!
올라간 어깨
완만한 어깨
병 모양에도 각각 특징이 있으니까 익혀두면 구분하기 쉬워요.
보르도
부르고뉴
예에~?!
그 5대 샤토 중 하나인 '샤토 라피트 로칠드'가 이번 대회 26km 지점에 나오네요~.
메독 마라톤 코스 지도
그 등급도 1~5급으로 순위가 나뉘고, 1급으로 불리는 샤토는 5개밖에 없어요….
보르도에 있는 약 8천 개의 샤토 중에서도 고품질로 인정받는 61개 샤토에는 '등급'이라는 것이 주어지는데요….
제1급
등급
코스 중에는 '샤토'라는 와인 양조장이 군데군데 있어서 주자들에게 와인을 퍼 준다고 해요.
1855년 파리 만국박람회 때 표식으로 알아볼 수 있게 만들었음

그런 것을 찾으면서 달리는 것도 재밌을 거예요~
신데렐라…
그중에서도 특히 걸출한 것을 신데렐라 와인이라고 부르죠.
명
하지만 등급이 없는 샤토에서도 유명하진 않지만, 좋은 와인을 만들기도 해요….
그렇죠!! 와인을 좋아하는 사람 이라면 상당히 동경하는 샤토예요.
그럼 라피튼가 뭔가 하는 그 와인은 꼭 마셔야 겠네요!!
1급 와인!!
한마디로 이 와인은 포이약 마을의 클레르 밀롱 이라는 샤토에서 만들어졌다는 거죠.
그리고 이 'Appellation'과 'Controlee' 사이에 씌어 있는 것이 마을 이름이고요.
CHATEAU CLERC MILON
2008
PAUILLAC
APPELLATION PAUILLAC CONTROLÉE
이 'CHATEAU' 다음에 씌어 있는 것이 샤토명이에요.
와인 라벨 보는 법을 설명하자 면요….
CHATEAU CLERC MILON 2008
음… 마라톤 중에 그럴 여유가 있을까…
…
만약 급수소에 와인이 몇 가지나 있을 경우엔 그중 퍼스트 라벨을 노리는 게 나아요.
사면 엄청나게 비싸거 든요~
CHATEAU
GRAND VIN DE CHATEAU
이를 퍼스트 라벨 이라고 해요~
GRAND VIN CHÂTEAU DE PEZ 2008 SAINT-ESTÈPHE
'위대한 와인' 이라는 의미
GRAND VIN DE CHATEAU LATOUR PAUILLAC
샤토명을 크게 쓴 건 이 샤토의 와인 중에서도 고품질의 포도로 만들어 자신 있는 와인일 때가 많습니다.

그러고 나서 마셔보면 또 인상이 바뀌어 있지 않나요?
꿀꺽
뭔가 맛있는 냄새가 나요!!
와인 향...?
쿵 쿵
빙 글
빙 글
빙 글
음~ 포도 향기가 나는데? 이건 당연한 건가~.
와인은 마시기 전에 먼저 향을 맛보는 재미도 있어요.
어떤 향기가 나세요?
와인을 마실 땐 너무 어렵게 생각하지 말고 첫인상을 말로 표현하는 게 중요해요.
다 좋은 감상이시네요!!
저는 마신 후에 후추 같은 맛을 느꼈어요.
맛있어!!
살짝 삼나무 향기가 나는 것 같기도 하고….
아아…. 뭐라고 해야 할까요…. 수선화 향기 같은 맛이라고 할까….
으~음 그럴 여유가 있으려나…
이런 식으로 달리면서 서로 감상을 이야기하는 것도 즐거울 것 같아요.
이건 신맛이 나서 상큼해~
이건 살짝 금속성 맛~
앗, 이건 살짝 묵직한 펀치가 있는 맛!!
같은 보르도산 와인이라고 해도 마시며 비교해보니 각각 다른 감상이 나오더라고요….

이런저런 다양한 상식을 배우고,
오오~!!
배 그림 라벨이 특징이니까 출발 후에는 먼저 '배를 목표로 달려라!!' 하고 생각하면 어떨까요?
CHATEAU BEYCHEVLLE GRAND VIN 2007 -SAINT-JULIEN-
그건 샤토 베이슈벨의 와인이고 대회 9km 지점쯤에 나와요.
앗!! 이 와인 좋은 것 같아~.
나도 이거 좋아♥
이렇게 해서 그 후에도 매일 와인 자습을 열심히 했고요….
저도 출전하고 싶을 정도예요~!!
음… 이 와인도 맛있어…♥
아직 와인의 세계는 너무 심오하지만, 일단 와인을 좋아하는 사람이 보면 엄청나게 호화롭고 멋진 코스를 달린다는 사실을 알게 됐어!!
우헤헤….
와인 강습회를 종료했습니다….
살짝 무리해서 산 생쥘리앙 마을의 와인♥
ENOTECA
싱글
벙글
자아, 드디어 프랑스로 출발 합니~다!!
주우~
좋았어, 가자~!!
허둥 지둥 날은 지나 갔습니다 ….
달리기 연습도 제대로 해야지 큰일 나겠어~!!
맞아!! 축제 기분에 들떠 있었지만 풀 마라톤을 뛰는 거라고!!
두 다 다 …

설마 했던 오버부킹! 파란만장한 스타트!

옛날 생각나네~ 파리야~ 내가 왔어!!
봉주르!!
봉주르
PAUL
유럽은 아예 처음잉

아~ 맞다. 파리에선 이런 냄새가 났었지.

덧붙여 셋 중에서 프랑스에 와본 적이 있는 사람은 저뿐….
PARIS
17년 전에 디자인학교 연수여행으로 왔었음
….

이렇게 나리타 공항에서 약 13시간이 걸려 파리의 샤를 드골 공항에 도착 했어요.
구우우

AIR FRANCE
예에? 오버부킹 이라고요?!

하지만 여기에서 큰 문제가 발생했 습니다!!

F29
BORDEAUX

좋아, 여기다!!

광활한 공항…
Terminal 2
60~7
10~50
2~3
어디로 가야 해?
두리번 두리번

곧바로 보르도행 비행기로 갈아타야 해서 태평한 소리나 하고 있을 순 없었어요.

그러다가 탑승이 시작되었 습니다….
시골 시골

우리 말고도 비슷한 사람이 많아서 승강이가 벌어짐
와 와 와

못 타게 되면 밤 비행기로 변경된대요….

탑승구에서 대기하다가 이름을 부르면 탈 수 있다는데….

비행기 좌석이 모자라 예약한 편에 탈 수 있을지 알 수 없는 상황이 됐어 요….

으헉~!!

그러게요….
안 부르네요….
어째선지 우리 셋과 한 일본인 남성의 이름만 좀처럼 부르지 않았어요.
남은 4명….
Mr. OOOO !!
Mrs. OOOO !!
MS. □□□□ !!
MS. △△△△ !!
Oh ~
함께 대기하던 사람들도 차례로 이름이 불려서 비행기에 탑승했는데요….
Mr. AOKi !!
앗, 나다!!
그런데 그때 ….
아뇨, 현지에서 동료들하고 만날 예정이에요.
우와
혼자서 참가 하세요?
그러다 그분도 메독 마라톤에 출전한다는 것을 알게 되었습니다.
하지만 제 이름만 안 부르지 뭐예요!!
나는~?!
STOP!!
어엇?!
Oku yama !!
MS. kato !!
그리고 또 ….
안심~
앗, 우리 이름도 불렀다!!

저… 제가 남을 테니까 저 세 분을 함께 태워주세요.
Take my seat !!
....
제, 제가 남을 테니까 다카기 씨가 타세요!!
아니, 찢어지는 것보다는 다 같이 남는 게 낫겠어~.
Sorry
하하하
헐~ 뭔가 이제 끝났다는 얘길 하는 거 같아!!
으아아…
명함 줌
정말 죄송합니다!! 정말 감사해요~!!
나중에 메일 주세요!
꾸벅
꾸벅
자, 어서 타세요!!
하하하, 고맙다고 하고 어서 타요!!
저는 혼자라서 괜찮거든요!!
어어~? 하지만 그건 차마~!!
와
어 어
이렇게 1시간가량 걸려 보르도에 도착한 후 먼저 호텔에 체크인!!
부~웅…
TAXI
와~ 러너 중에는 정말 좋은 사람이 많아요~.
상큼한 분이 없어~
아아~ 죄송했어~!!
이리하여 올라타자마자 비행기는 출발했어요….
우우우우…

병원임
주변에 가게 같은 게 하나도 없어….
또 약간 기분이 다운되는 호텔이 었어요….
그런데 이번엔 교외 쪽에 있는 호텔밖에 잡지 못한 데다가…
메독 방면
대회가 열리는 메독에는 숙박시설이 거의 없기 때문에 주자 대부분은 보르도 시내에서 숙박을 해요.
냉장고도 금고도 없는 것 같아요.
전기 주전자도…
복도도 완전 깜깜해…
보르도 메리냑 공항
호텔
시내
파리 방향
보르도 생장 역
우와
와~ 프랑스~ 프랑스~
시내에선 '이거야말로 유럽!!'이라는 풍경에 계속 들뜬 상태였습니다.
트램으로 20~30분 걸림
덜컹
덜컹
일단 저녁식사를 하러 시내 쪽으로 이동했어요.
점원도 영어는 잘 못함
메뉴가 프랑스어라 전혀 모르겠어….
이건 닭고기 인가…?
손가락으로 프랑스어
하지만 해외에서는 항상 가토 씨의 영어 실력에 의지했었는데, 프랑스에서는 잘 통하지 않았어요….
LA BRASSERIE BORDELAISE
시끌
벅적
일단 출발 전부터 가려고 했던 프렌치 레스토랑으로 향했어요.

뭐, 그래도 어찌어찌해서 요리와 보르도 와인도 주문했습니다!!
이건 '르크록'이라는 샤토에서 만든 와인이네요.
생테스테프는 메독 북쪽에 있는 마을이야.
에노테카에서 배운 지식을 맘껏 펼치는 세 사람…
GRAND VIN이라고 씌어 있는 걸 보니 좋은 와인인가 봐~♡
이건 퍼스트 라벨?
우케케…
호호…
GRAND VIN DE BORDEAUX
Château Le Crock
2006
Sant-Estéphe
GRAND VIN
Le Crock
마라톤을 오래 계속하다 보니 여러 가지 일을 겪네요.
와~ 보르도에 건배~!!
르네상스
설마 이런 그림이 되는 날이 올 줄은 몰랐습니다….
수고했어요~♥
생각해보니 마라톤 여행이라고 하면 늘 맥주만 마셨던 세 사람….
포 상 맥 주!!
자아, 그리고 이번 일정은 이런 느낌으로 짜봤어요!!
다녀왔어요~.
6일째 | 5일째 | 4일째 | 3일째 | 2일째 | 1일째
파리 관광 | 파리 종일 관광 | 보르도(아침) | 보르도(이른 아침) | 보르도 관광 | 나리타(오전)
파리(밤) | 파리 관광 | 파리(낮) | 메독 | 보르도(낮) | 파리 (환승)
다음 날(낮) 나리타 | | 파리 관광 | 메독 마라톤 | 메독 | 보르도(저녁)
		메독	마라톤 접수 & 파스타 파티
		보르도	메독
			보르도(밤)
파리 숙박 | 파리 숙박 | 보르도 숙박 | 보르도 숙박 | 보르도 숙박

BAILLARDRAN
카늘레
주름 잡힌 모양으로 밀랍을 칠한 틀에 구운 보르도 전통 과자
와~ 카늘레 쫀득쫀득해~!!
잠깐 보르도 관광을 했어요.
생탕드레 대성당
와 와
다른 HOTEL
다음 날은 보르도에 들어온 타이완 팀과 아침부터 만나서,
오랜만이에요
와
하지만 각자 열심히 연습해서 이번 메독 마라톤에 도전한다고 했습니다.
가장 기대되는 스타!!
큰 사이 씨는 러닝클럽을 만들어서 얼마 전에 하프 마라톤도 뛰었어요!!
일본어도 술술 잘함
다들 달리기도 하고 수영도 다니고….
자매잉
타이완에서 참가한 네 분은 이번이 모두 첫 풀 마라톤 이라고 해요.
큰 사이 씨
성이 같아서 이렇게 부름
작은 사이 씨
엘렌 씨
에밀리 씨
그 부분은 첫 풀 마라톤 답게 자제한 느낌이었어요.
아니요, 우린 넷이 똑같은 티셔츠만 입을 거예요!!
아, 그래요…?
아니~ 마리 앙투아네트가 아닐까요?
클레오파트라 일지도 몰라…
개성 강한 분들이라 분장도 엄청난 게 아닐까 맘대로 예상했었는데요….

타이완 팀은 일본어나 영어도 상당한 수준이고 한국어도 공부 중 이래요. 엄청나다….
일본어만 할 줄 앎
능력자 들이야…
위
타이완 팀의 에밀리 씨가 프랑스어를 할 줄 알아서 주문은 좀 편해 졌어요.
La Tupiña
그리고 이날도 평이 좋은 프렌치 레스토랑 에서 점심을 먹었습 니다.
배 속이 부대껴…
후우~
오리 지방으로 튀긴 감자
오리 구이
카술레 (콩과 고기 찜)
요리는 다 맛있었지만 이틀 연속 프렌치 요리를 먹으니 위가 묵직한 기분이 었어요….
이렇게 또 낮부터 와인으로 건배를 했습니다!!
와~!!
이 버스를 내일도 타야 한다니 벌써부터 괴롭네요~.
가토 씨 살아 있어요?
폭 폭
더위에 약함
프랑스에서는 환경을 위해 에어컨을 켜지 않는 건가요~?
버스에 에어컨이 없어서 완전 찜통이 었어요….
보르도 에서 메독까지는 버스로 90분 거리 였는데요….
그 후에 마라톤 접수를 하러 메독으로 이동했습 니다.
부~웅…

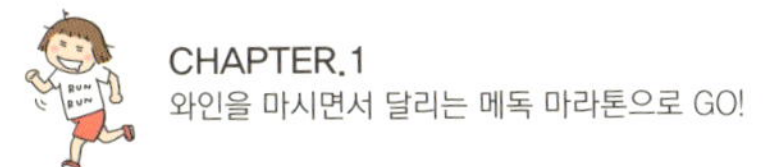

접수장에는 분장한 사람도 있어서 이미 축제 분위기였어요….
와
와
와
마침내 동경의 땅 메독에 도착했습니다!!
28e MARATHON DU MEDOC
와
와
하지만 그러는 동안 차창 밖에는 포도밭이 펼쳐지기 시작했고,
부웅
오~!!
그러자 어느 건물 한쪽에서 접수소 비슷한 것을 발견.
시끌
시끌
덜그러니~~
MARATHON DU MÉDOC
뭐지, 아무도 줄을 안 섰네….
저긴가~?
앗, 그러고 보니 내일 쓸 셔틀버스 티켓을 사야 해요….
저희는 무사히 번호를 받고 한숨 돌렸죠.
시끌
벅적
DU MÉDOC
티셔츠도 받았다~.
타이완 팀과는 다른 샤토에 신청했기 때문에 여기에서 헤어졌어요….
샤토별로 다른 버스에 탐
그럼 우리 내일 잘합시다~!!
이다음 일정으로 각 샤토에서 열리는 전야제에 참가 신청을 해두었는데요….
어쩐지 불안했지만, 돈을 내고 팔찌 같은 것을 받았습니다.
천천히
…
으음…
주자들이 꽤 탈 텐데 이렇게 한가한 느낌이어도 괜찮으려나….
여기 맞는 거야?

강렬한 서쪽 햇빛
그늘에라도 들어가고 싶어~.
한 면이 죄다 포도밭
으아~ 더워!!
지글
샤토에 도착했지만, 안에 들어가지 못한 채 밖에서 1시간을 대기하였고,
번쩍~
하지만 바로 이때부터 파란만장한 시간이 펼쳐졌죠.
다행이다!!
휴우~
다카기 나오코
우라
살짝 간담이 서늘했지만 운전면허증 덕에 겨우 입장할 수 있었어요.
사진이 들어가면 OK! ♥
다른 신분증 가지고 있는 거 없어요?!
엇
큰일 났다. 호텔에 여권을 두고 왔어~!!
두 사람은 가져옴
PAN
JAPAN
OH NO~!!
Non!
겨우 입장을 시작했지만, 의외로 엄격한 보안 때문에 신분증이 없는 사람은 입장할 수 없는 모양이었어요.
카보로딩 이란...
지구력을 필요로 하는 운동 전에 탄수화물을 많이 섭취하여 에너지를 비축해 놓는 것
PASTA PARTY
듬뿍!!
듬뿍!!
내일 있을 마라톤을 대비해, 카보로딩을 위한 전채부터 후식까지 파스타를 이용한 메뉴가 나왔어요.
안에는 수백 명이 들어갈 정도로 넓은 장소가 준비되어 있었는데요….
오~!!

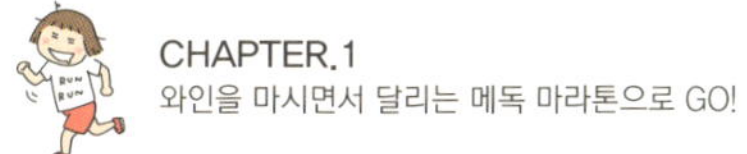

샤토에서 마시는 와인은 또 별나게 맛있더라고요….
벌컥
벌컥
저는 마실래요!!
그럼 나도 살짝만 마셔볼까~
꿀꺽
꿀꺽
그리고 와인도 맘껏 마셨습니다!!
내일이 마라톤이니까 난 슬슬 알코올을 자제하려고….
아~ 재밌지만 숙소로 돌아가는 버스가 왔어요~.
○○ 여행에 참가하신 여러분~
먼저 가요
쿵쿵
쿵쿵
근처에 일본에서 참가한 투어 그룹도 있었지만 도중에 돌아갔고….
쿵쿵
착착
착착
휘익~!!!
와~
이렇게 마시다가 기분이 좋아진 사람들이 무대에서 마구 춤을 추기 시작했습니다.
마지막으로 성대한 불꽃놀이를 하며 밤 11시쯤 겨우 파티가 끝났어요….
펑
펑
와
와
와
대체 언제까지 계속되는 거지….
의자를 사용한 이상한 춤이 시작됨…
예~!!!
휘익~!!!
쿵쿵
쿵쿵
모두 내일 마라톤 뛸거잖아?
그 후에도 전야제는 한참이나 계속됐습니다.

으허~
힘들어~!!

겨우 호텔에 돌아오니 새벽 1시가 지나 있었습니다.

덜썩-

다시 트램을 타고…

덜컹
덜컹

그 후 셔틀버스를 타고 보르도로 돌아가…

부~웅

띠리리…

이리하여 순식간에 밤이 지나버렸어요….

그것보다 내일 새벽 4시에 일어나야 하는데 잘 시간이 거의 없어….

목욕도 해야 하는데…

사실은 내일 먹을 아침도 사 왔어야 했는데 살 시간을 놓쳤어….

바…바나나 라도

마침내 메독 마라톤 본무대 입니다!!

짜~~잔!!

자아, 준비한 의상으로 갈아 입은 세 사람.

머엉~

아침식사로 어제 먹고 남은 카늘레를 조금 먹었고요….

우물

우물

CHAPTER.1
와인을 마시면서 달리는 메독 마라톤으로 GO!
본고장의 프렌치 요리를 먹으러~
와~
메독!!
왔다!!
보르도 명물인 카늘레!!
LE MARATHON DU MEDOC
DU MEDOC
SAMEDI 8 SEPTEMBRE
SATURDAY SEPTEMBER
LE MARATHON DU MEDOC
www.marathondumedoc.com
LA TUPINA
Photo Gallery
트레 비앙~
합피* 입고 해피
※옛날 직공 웃옷 일컬
파스타 파티
세봉~
쥬뗌므~
훽
쩍
쿵
27

당황한 우리 셋은 마구 뛰어다녔어요.
와~ 어디에 있는 거야, 어디~?!
혹시 어제와는 다른 곳에서 버스가 기다리고 있을지도?!
하지만 표시도, 주자로 보이는 사람도 없어요….
어제 분명히 이 근처에서 버스를 탔었는데~.
호텔을 나온 후 또 트램을 타고 메독행 셔틀버스가 오는 켄콩스 광장에 왔습니다.
타
다
다
다
다
두리번
두리번
AM 6:00 전
게다가 이상한 차림새로 달리고 있으니까 주정뱅이들이 막 놀려댔어요….
으아~!!
휘익
휘익
WAO
꺄아
하하하, 당신들도? 우리도 헤매는 중이야!!
죄송합니다만, 혹시 메독행 버스는 어디 있는지…?
도중에 겨우 주자처럼 보이는 사람들을 만났는데요….
헉
헉
앗, 오렌지색 팔찌를 찬 사람들은 타라고 하네요.
그리고 6시 30분쯤 버스도 도착했어요.
!!
어제 사둔 것
으으… 역시 어제 거기가 맞았네~.
결국 출발 시간이 다 되어서야 주자들과 담당자들이 모이기 시작했습니다.
MEDOC
시끌
시끌
시끌

조금이라도 자두고 싶었지만….
….
하지만 메독까지는 90분이나 더 가야 했고….
혁~ 별로 믿음직스럽지 않았는데 역시 중요한 팔찌였던 거야~!!
와아, 팔찌를 안 찬 사람은 승차 거부를 당하고 있네!!
아슬아슬 했다고!!
번쩍!
오늘도 덥겠는데….
가토 씨잉
햇빛 가리개
그러는 동안 포도밭 저편에서 지나치게 눈부신 태양이 떠오르기 시작했어요….
털컹
둘 다 잘 수 있어서 좋겠다….
털컹
예민한 체질 때문에 버스 안에서는 한숨도 못 잤어요….
으음…
아무리 그래도 잠들기는 힘든가 보네…
MARATHON DES CHATEAUX DU MEDOC
Samedi 8 Septembre 2012
와~!!
시골
시골
시골
시골
도착하니 이미 주변에는 분장한 주자들로 꽉 들어차 있었어요!!
시골
시골
시골
시골
그리고 드디어 메독 마라톤 대회장에 도착했습니다.

※모두 일본 역사나 시대극에 등장하는 무사 또는 영웅의 이름이다.

Chine!!
France!!
Allemagne!!
Espagne!!
Ya!!
Wa!!
Woi!!
정말 여러 나라 사람들이 참가하는 대회네~.
참가국의 이름을 부르면 그 나라 주자들이 응답하는 행사를 했어요.
스타트 시간이 다가오자 공중서커스 같은 쇼가 시작됐고요….
와!
휙
와!
휘이~익~
WOW!!
휘이!!
Yeah!!
와~!!
Wai!
점점 축제 기분도 고조 되었고요….
Japon!!
와!!
앗, 일본 불렀다!!
대흥분 속에서 약 8천 500명의 주자들이 출발했습니다!!
짝짝
와!
와!
짝짝
짝짝
와!
짝짝
짝짝
와!
와!
6833
이리 하여 오전 9시 30분.

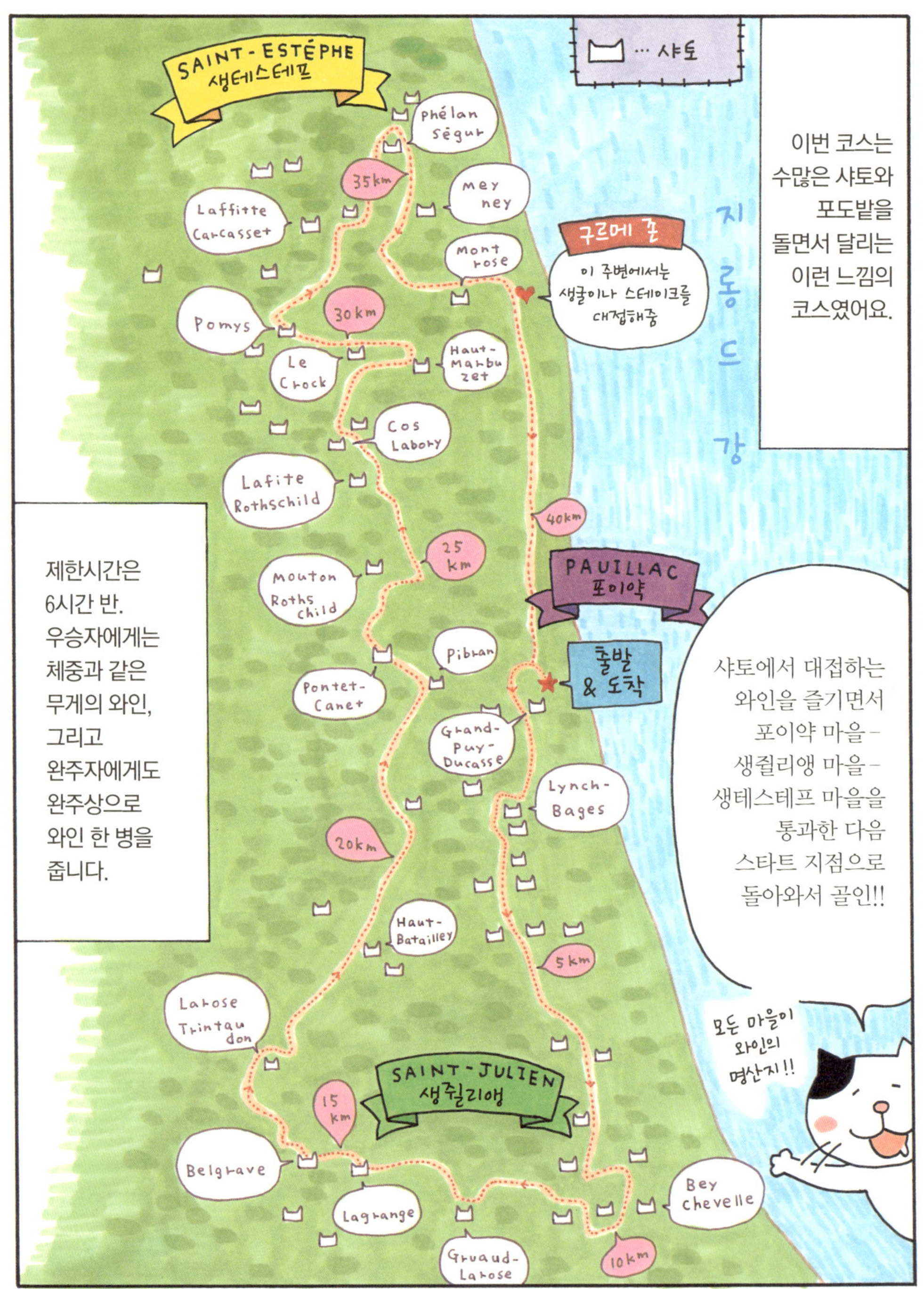
SAINT-ESTÉPHE
생테스테프
⊔ … 샤토
이번 코스는 수많은 샤토와 포도밭을 돌면서 달리는 이런 느낌의 코스였어요.
phélan ségur
35 km
mey ney
구르메 존
이 주변에서는 생굴이나 스테이크를 대접해줌
Laffitte Carcasset
Mont rose
지롱드 강
Pomys
30 km
Haut-Marbu zet
Le Crock
Cos Labory
Lafite Rothschild
40km
25 km
PAUILLAC
포이약
Mouton Roths child
제한시간은 6시간 반. 우승자에게는 체중과 같은 무게의 와인, 그리고 완주자에게도 완주상으로 와인 한 병을 줍니다.
Pibran
출발 & 도착
Pontet-Canet
Grand-Puy-Ducasse
샤토에서 대접하는 와인을 즐기면서 포이약 마을 - 생쥘리앵 마을 - 생테스테프 마을을 통과한 다음 스타트 지점으로 돌아와서 골인!!
Lynch-Bages
20 km
Haut-Batailley
5 km
Larose Trintau don
SAINT-JULIEN
생쥘리앙
15 km
모든 마을이 와인의 명산지!!
Belgrave
Bey chevelle
Lagrange
Gruaud-Larose
10 km

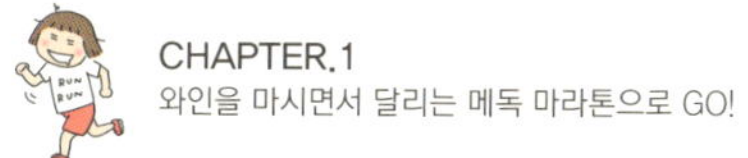

CHAPTER.1
와인을 마시면서 달리는 메독 마라톤으로 GO!

와
시
꿀 시꿀
응?!
어쩌지…
와인을 마시면
바로 화장실에 가고
싶어지려나….
그래서
포도밭 안에
들어가
'대자연
화장실'을
선택하는
주자도
많다고….
소문에
따르면 코스에
화장실이
상당히 적다고
했거든요 !!
그런
즐거운
코스였지만
한 가지
불안한 점이
있었어요….

저는
먹을래요!!
나…
나도….
이… 일단
여기는
패스할까….
와
와
벌
컥
앞으로
갈 길이
머니까…
1km 정도 달렸을 때잉
와
와
와
앗, 벌써
와버렸어!!
그런 생각을
할 틈도 없이
곧바로 첫 번째
와인 급수소에
도착했어요.

배
표시 ♥
9km
지점
샤토 베이슈벨
배를
목표로
하자 ~!!
좋아! 나는
9km 지점에
있는 샤토
베이슈벨까진
참을 거야!!
하지만 입에
넣으면
아까워서
마실 것 같단
말이야…
꿀
꺽
…
덧붙여
와인은 맛보고
싶은데 취하기
싫을 경우에는
입에 머금고
퉤 뱉는
트릭을 써도
된다고 해요.
매너
위반이
아니에요.

와
와
짝
쿵
예이~!!
앗.
가토 씨~
북 떨어
뜨렸어요.
딸
그
락
BAGES
COURAGE! Plus que 39.395 kms
힘내라! 앞으로 39.395km야!
시
골
시
골
와
와
그리고
잠시 달리자
마을이
나왔습니다.
3km 지점
어라,
부채가
없어
졌어!!
무기류는
남자애들에게
인기 짱
와
와
이거
가질래요~?
아이
벌써
잃어버림
와인
와
그렇게
느끼는 주자가
많았던 듯
이 근처 마을
아이들에게
아이템을
선물하는
사람이
속출했습니다.
가면이 자꾸
떨어져~.
역시
뭘 가지고
달리는 건
힘이 드네요.
주
르
륵
달리다 보니
분장
아이템으로
가져온
것들이
점점
방해가
됐어요….
죽인다!!
여긴 와인을
잔째로 줘!!
난
여기도
패스
…
아이
물
다시
와인
급수소도
나타났
습니다
….
잉금님과 시종인가?
덜
그
럭
덜
그
럭
저거 좋아
보여…
하지만
그럼에도
꿋꿋하게
분장을 하고
달리는
주자도
많았
어요….

하지만
덥다….

7km 지점

아…
대자연
화장실인가….

바스락…

바스락…

더 전진하자
포도밭이
펼쳐진 길이
나왔어요.

엇… 아직
10km도
안 왔는데
벌써 다리가
무거워진
느낌이야….

헉…

헉…

와인도
아직
안 마셨
는데
…

분장하고
있으니까
그만큼
더 덥네요.

이거 뭐 30℃는
우습게
넘겠는데요….

푹푹
찐다

머리
띠도
버거
워…

햇빛
가리개 →

이날은
구름 한 점
없는데다가
포도밭도
허리께밖에
오지 않아서
그늘이 거의
없었어요!!

CHÂTEAU BEYCHEVELLE

드디어
나왔습니다.
그 '배'가!!

역시 맞았어,
샤토
베이슈벨!!

앗,
여긴
혹시….

와

와

와

1064

바로
그때 뭔가
광대하고
멋있어
보이는
샤토가
눈에
들어왔는
데요….

우헤헤~.
여기에서는 저도 맘먹고 와인을 받았어요.
마라톤 디자인 컵
AMCM
33
와~!!
그리고 기대했던 와인 급수소도 곧 등장 했어요!!
다 같이 와인의 감상을 말하면서 달리는 것도 즐거울 거예요.
과실의 맛이 깊네요!!
태양을 팍팍 받고 자란 맛이 난달까….
여기 와인은 역시 맛있어~!!
한 잔 더 마셔야지!!
농후해~
메독 마라톤에 건배~!!
예이~
드디어 셋이서 건배를 했습니다!!
와 이
멋진 샤토였어~!!
BEYCHEVEL
48
이리하여 샤토 베이슈벨을 통과!!
줄을 좀 서긴 해도 여기서 가는 게 낫겠어~.
마침 이 샤토는 화장실도 개방되어 있어서 빌려 썼어요.

아… 몸이 가벼워진 느낌이야.
훅
착 착
착 착
이끼오
하지만 맛있는 와인 덕분에 텐션이 올라가 몸 상태도 좋아졌습니다.
와아, 벌써 시간이 이렇게 됐다니!!
1:27.10
이쯤에서 겨우 10km를 지났는데요. 기록은 이미 1시간 반쯤 이어서 평상시보다 상당히 슬로우 페이스였어요.
샤토 그루오 라로즈
우 와~
멋진 샤토가 나오기도 했어요….
와!
첨 벙
카 하 하 하
그 후에 다시 시끌벅적한 길이 나오기도 했고…
절임 이라든가…
촉촉하고 짭짤한 게 먹고 싶다….
전체적으로 달고 퍽퍽해 보이는 것이 많아서 식욕이 돋지 않았어요….
급수소에는 와인과 물뿐만 아니라 다른 먹거리가 있기도 했는데요…
등급은 2급 !!
앗, 여기 와인도 맛있어요.

※드리프터즈: 일본에서 아주 오래 활동한 코미디 밴드의 명칭. 이 밴드에 '다카기 부'와 '가토 챠'라는
멤버가 있다는 것에서 착안한 농담으로 『마라톤 2년차』에서부터 이 둘을 이렇게 부르기 시작했다.

눈 깜짝할 사이에 엄청난 위기가 찾아 왔어요!!
헐~ 와인은 마셔봤자 쓸데없이 목만 말라~!!
꿀꺽
물을 나눠 준 잔해만 남아 있음
와인은 있음
띠─잉
겨우 샤토에 도착해도 이미 물이 떨어지거나 해서…
챙겼다~
다음 샤토에서 물을 발견 하자마자 여분까지 확보해뒀 습니다!!
얍~!!
Eau
죄송해요, 저도 한 모금만…
괜찮아 괜찮아
면목 없어…
헉… 헉…
107
0109
이렇게 해서 다시 노리코 씨에게 물을 얻어 마시며 앞으로 나아갔고….
그건 그렇고 아직 반도 안 왔다니….
asics
19
유비무환이라 니까!!
역시 물을 가지고 있으니 안심이 돼!!
하 하 하 하
0109
노리코 시스템
도입
그 후로는 될 수 있으면 물을 가지고 달리기로 했어요.

기온도 35℃까지 올라가서 주변의 주자들도 나가떨어지는 기색이었죠….
무슨 인형 옷 같은 거였음 →
헉
헉…
헉…
저 사람 덥겠네….
이번엔 그 반까지가 왠지 더 멀게 느껴졌어요.
와아, 벌써 반절까지 왔다~.
야호~
21 km
705
지금까지의 풀 마라톤에선 열중해서 달리다 보면 반까지 금세 도착했었는데요….
갑자기 오른쪽 무릎 뒤에서 당기는 듯한 통증이!!
헉?!
뽀득
찌ㅣ릿
이러면서 남 걱정을 하고 있었는데요….
첫 풀 마라톤인데 이렇게 더워서야 좀 힘들지도 모르겠어요.
괜찮을까~
한 번도 못 봤어
그리고 보니 타이완 팀은 어쩌고 있을까요~?
휴
꼬르륵
이리하여 또 살짝 휴식을 취한 뒤에…
저기 나무 그늘에서 스트레칭을 하면서 잠깐 쉴까요~?
염분 부족이 오면 당기기 쉽다니까 소금을 좀 더 핥아 먹어….
이… 이런 데는 지금까지 아팠던 적이 없었는데~.
날름
소금 →
날름
자!!
삭
왜지~

어떻게든 23km 부근 급수소까지 왔더니,
으읏, 저건 혹시….
출발한 지 약 3시간 15분이 지남
다행이야
asics 21
소금 덕분인가? 다리가 상당히 좋아졌어!!
겨우 절반 지점을 통과했습니다….
일단 무사히 계속 달려왔다는 사실에 안도했어요.
와인 베리 굿!!
더워요
모두 더워서 힘들어 보이긴 했지만요….
꼬르륵~~!!
와하하
아하하
와아~!!
431
031
뒤에서 타이완 팀이 보였어요!!
나오코는 무시무시한 것을 보고 말았습니다.
아하하
응?
하지만 그런 안도의 순간도 잠시….
두 다 다……
두 다 다……

6h30 ZIEHLSCHLUSS ORGANISATION
6h30 제한시간 내 통과 가능한 마지막 줄입니다
6h30 END LINE ORGANISATION
6 h30 FIN DE COURSE ORGANISATION
그것은 6시간 30분의 벽!!
두 타 타 타
저 벽을 제쳐야 해!!
후
딱!!
이70
여러 나라 말로 씌어 있음
6h30 마지막 줄
6h30 END LINE ORA SATION
6h30 FIN DE COURSE ORGANISATION
와
두 두
혁~ 저것보다 뒤처지면 타임오버란 소리?!
이 대회에서는 제한시간인 6시간 반 안에 들어와야 한다는 것을 알리기 위해 뒤에 이런 벽 군단이 달리고 있어요.
하지만 이 샤토라는 것은 대개 살짝 높은 지대에 있는데다,
Château Ponet-Canet
MARATHON DES CHÂTEAUX DU MEDOC
좋아, 조금 더 가면 또 샤토가 있어.
이렇게 해서 다시 한 번 기합을 넣고 전진하기로 했어요!!
겨우 제침
혁
혁

근처에 자갈길도 많아서 발이 자꾸 걸리는 바람에 달리기가 힘들었어요….
으으… 자갈 언덕길이라니.
흰 자갈에 햇빛이 반사돼서 눈까지 부셔!!
이런 상태로 샤토에 도착하니 와인을 마실 힘도 없었어요.
물
시끌
시끌
으컉
하지만 세상 모든 와인을 좋아하는 주자들은 아직도 와인을 즐기는 중이었습니다.
어떻게 저렇게 잘도 마시는 거지….
우물…
나도 못 먹겠어
자가
자가
하지만 앞으로 조금만 더 가면 그 라피트 로쉴드였지….
그렇습니다. 바로 그 제1급 샤토!!
그리고 이 근처부터는 우리 셋도 흩어져 각자의 페이스로 달리기 시작했어요….
라피트에 도착하면 와인을 마시자!!
하지만 앞쪽에서 원래 코스와는 다른 길로 가라는 듯한 유도가 있었습니다!!
코스는 이쪽임
음?!

무슨 상황인지
파악도 못 한 채
원래 코스
쪽으로
향했습니다.
??
앗, 하지만
그대로 달려
가는 사람들도
있으니까
이쪽으로
가도 되려나?
4610
주저
주저
어어~ 왜?
코스 쪽으로
가고
싶은데~.
드디어
나왔습니다.
샤토
라피트
로쉴드가!!
CHÂTEAU
LAFITE ROTHSCHILD
오옷!!
26km
헉
헉
그런 후
온통 포도밭이
펼쳐진 길을
달려가자,
와인
급수는
이미 끝나
있었어요!!
아~
띠~잉
벌
렁
와 와
40
명문
샤토라는
분위기가
풍기는
광대한
부지에
기대감은
마구마구
높아졌
지만…

PRÉCIEUX TERROIE
SAINT-ESTÈPHE
생테스테프에 도착했어~.
이번 코스의 가장 북쪽에 있는 생테스테프 마을에 도착했습니다.
살짝 침울해진 채 샤토를 통과하여…
으으… 안녕, 라피트 로쉴드~.
그~런 불안이 솟아오를 무렵….
나 … 이래서 끝까지 갈 수 있을까….
헉…
헉…
하지만 이 근처부터 계속된 언덕길 때문에 체력을 빼앗긴 주자들이 걷기 시작했어요.
헉…
헉…
예에….
라피트에 와인 없었죠~.
이 의상을 입으니까 더 드리프터즈 같아진 두 사람…
잠시 같이 뛰기로 했어요.
가토 씨도 상당히 지친 모양이라…
29km 부근 샤토에서 쉬고 있는 가토 씨를 발견했습니다.
앗.

이때 이미 기록은 5시간이 지난 상황 이었습 니다….
5:04.10
철 퍼 덕 ~~~!!
그 앞에 있는 샤토에서 다시 휴식을 취했어요.
이렇게 겨우 30km 지점을 통과한 뒤…
asics
30
헉… 헉….
아까 그 벽 군단도 다가오더니 눈 깜짝할 사이에 샤토를 지나가 버렸어요.
6h30
6h30
6h30
6h30
두 다 다…
와
와
앗!!
조금 이따가 타이완 팀의 엘렌 씨와 에밀리 씨도 만났지만…
아….
…그리고 보니 노리코 씨는 상당히 뒤에 있을 텐데 안 오네요.
….
괜찮은 걸까요…
이때 우리 둘은 이미 그들을 쫓아갈 체력도 기력도 남지 않은 상황이었 어요….
그걸 본 타이완 팀의 두 분은 바로 뒤쫓아 갔지만…
탓
와
와
으아….

저와 가토 씨는 30km가 넘은 이 지점에서 기권하기로 결정했습니다.
이렇게 머나먼 메독까지 와서 무척 억울하지만…
시꼴 시꼴 시꼴
몸이 안 좋아진 건 아니었으면….
뻬ㅡ 뻬ㅡ
구급차 사이렌
뻬ㅡ 뻬ㅡ
도중에 어디 관문 같은 데 걸렸나….
골 지점까지 데려다주는 버스가 왔는데요….
기권조
예에….
으으… 첫 회송 버스네요….
이리하여 기권을 결정한 뒤엔,
부르릉…
아아, 왠지 침울해 졌어요~.
아… 아주 야무지게 뜯어 가네요….
찍 하면서
0170
선물 마크
번호표에 붙어 있던 완주상 와인 교환권을 빼앗겨 버렸어요.
！！
찌이익ㅡ
0107
그 버스에 탈 때 말이죠….

그리고
버스로
골 지점까지
오자…
FELICITATIONS
와! 와! 와!
42km를
모두
달리고 골을
눈앞에 둔
주자들의
기뻐하는
모습이
보였습
니다…
와! 와! 와! 짝 짝 와!
88
39
212
506
364
뒤돌아보니
완주상을
손에 든
자랑스러운
주자들의
모습도…
와! 와! 짝 짝 와!
하 하
와 하 하
MARATHON
28 MARATHON
아…
앉아
있을까
요…
으으…
점점 더
우울해
지네요…
와!-와!-
쿠-응
비틀거리며
걸어오는
노리코 씨를
발견했습
니다!!
가토 씨~
다카기 씨~
노리코 씨!!
비틀
앗.
꿀꺽
우물
꿀꺽
이렇게
맥주를
마시면서
골 지점
근처에서
기다리고
있었는
데요.

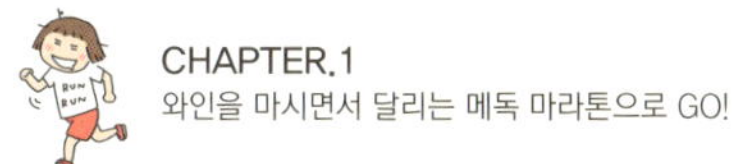

시간이 없으니까 그쪽으로 가라고 유도한 모양이었어요….

메독 마라톤에는 질러갈 수 있는 샛길이 몇 개 있는데,

노리코 씨도 30km 직전에서 코스와 다른 길을 안내받았다고 해요.

그 후 노리코 씨에게 들은 이야기에 따르면….

도중에 타이완 팀도 만나긴 했는데 그 후에 어떻게 됐는지는 모르겠어~.

아얏~ 37km 부근까지 갔던 거야?!

37km쯤 이미 제한시간을 넘는 게 확정이어서 억울하게 기권했다고 해요.

다른 길로 이동해서 조금 앞서게 된 노리코 씨는 열심히 계속 달렸지만….

겨우 호텔에 돌아왔을 무렵에는 정신을 못 차릴 정도였습니다.

돌아오는 버스도 또 사우나 맞먹게 더워서 말이죠….

이렇게 타이완 팀과는 조우하지 못하고 보르도로 돌아오게 됐는데요….

저쪽에 일본식 가게가 있긴 한데 라멘이네요….
깔끔한 게 좋겠어….
어쩐지 야채나 쌀이 먹고 싶어….
너무 지쳐서 그런지 진한 프렌치 요리는 먹고 싶지 않았어요….
어둑해질 때까지 쉰 후에 식사를 하러 시내로 나가봤는데요….
가게 잘 되네…
JAPANESE NOODLE BAR
RAMEN FUFU
시골
시골
시골
덜컹
덜컹
좀처럼 기분이 나질 않았어요….
그래봤자 완주도 못 한 이 세 사람은요….
…
우물…
우물…
우물…
요리는 정말이지 맛있었지만,
와~ 역시 쌀은 맛있어~!!
잠시 좀 걷다가 발견한 인도 요릿집에 들어갔습니다.
COBRA
오오!!
그리고 올라탄 열차 안에서 말이죠….
드르륵
드르륵
SKF
다음 날 아침에는 파리로 이동하기 위해서 보르도 생장 역으로 향했습니다.
이렇게 해서 보르도에서의 마지막 밤은 지나고,

먼저 작은 사이 씨가 25km 부근에서 기권을 하고,
25
헉…
헉…
어제 타이완 팀은 어땠었는지 들어보니…
와—
와—
타이완 팀과 재회했습니다!!
와—
와—
와—
그리고 마지막까지 계속 달린 에밀리 씨는….
헉…
헉…
몸 상태가 나빠짐
엘렌 씨와 큰 사이 씨는 아깝게도 40km 부근에서 기권했다고 해요.
40
헉…
헉…
헉…
나머지 세 분은 그 후에도 열심히 달렸지만요….
축하해요~!!
와~ 대단하네요!!
짝
짝
짝
짝
짝
짝
브라보!
올해는 너무 더웠기 때문에 최종적으로는 제한시간도 7시간 15분 쯤까지 연장되어 완주를 인정받았다고 해요.
7시간 10분 만에 훌륭하게 골인을 해냈다고 합니다!!
우오오~!!
짜잔
MARATHON DU MÉDOC

우와~ 화려하다~!!
완주 와인
메달
MÉDOC 8 SEPTEMBRE
CHÂTEAU HANTEILLAN HAUT-MÉDOC
가방
컵
나무 상자도 줌
호텔에서 에밀리 씨가 완주상으로 받은 상품을 보여줬어요.
와~ 개선문이다~!!
그리고 파리에 도착한 후에는….
파리 파리~♥
건배~!!
와~ 수고 하셨습니다~!!
이렇게 돼서 에밀리 씨의 와인으로 함께 건배를 했습니다!!
와 와 와 와
OK!!
깔끔…
에… 에밀리 씨 이 완주 와인 다 같이 마시는 건 어때요?
꿀꺽
CHÂTEAU HANTEILLAN CRU BOURGE 2006 HAUT-MÉD
허거걱~!!
전부 !?
하하
게다가 와인을 좋아하는 에밀리 씨는 와인 급수소를 발견할 때마다 와인을 마셨다고 해요.
그래서 다들 놀랐죠!!
우리 중에서 만약 끝까지 달린다면 하프 경험이 있는 큰 사이 씨일 줄 알았어요!!
가장 몸집이 작은 에밀리 씨의 완주에 타이완 팀도 놀랐다고 해요.

아무래도 마라톤을 한 후라서 모두 근육통 환자나 다름없었지만요.
아야야….
계단 힘들어~!!
후우…
그 후엔 타이완 팀과 함께 파리 관광을 했어요.
사크레 쾨르 대성당
이야~!!
와~!!
들뜬 우리는 다 같이 회전목마를 탔어요♡
아하하
파리는 정말이지 근사하고 멋져서…
우와~!!
전혀 쓸데없는 걱정이었습니다.
프랑스까지 와서 왜요?
…네? 타이완 요리요?
?
파리에 가면 타이완 요리가 먹고 싶다고 할지도 몰라~.
타이완 팀도 프렌치 요리를 계속 먹어서 위가 피곤했을 텐데,
또 이런 얘기를 나누기도 했죠.

사실 우린 전야제 후에 버스를 못 탔어요.

예?!

다시 이야기를 들어보니 타이완 팀도 여러 가지로 힘들었던 듯했어요….

파리에 건배~!!

그렇게 되어 다시 프렌치 레스토랑으로 가서 다 함께 건배!!

와~!!

그런데 예정보다 조금 일찍 버스가 떠나버린 거죠.

시끌 시끌

조용한 것을 좋아하는 두 사람은 밖에서 별을 보고 있었다고 해요….

짝

장자가자가

쿵 쿵

춤을 좋아 하는 두 사람은 춤을 추고,

쿵 쿵 짝

짝

와

와

와

타이완 팀이 갔던 샤토에서도 마시고 춤추며 난리가 났었는데…

교통편이 없으니 근처에서 묵으려고 했지만, 러닝 웨어도 신발도 호텔에 있으니까 다음 날 곤란할 게 분명해서….

그… 그래서 어떻게 했어요?

아직 춤추는 사람도 있으니 괜찮을 거라고 생각했는데, 전부 현지 사람들이었지 뭐예요!!

떠난다는 방송을 했던 모양인데 우린 전혀 못 들었거든요!!

허걱~.

그때 한 남자분이 나서준 덕분에 겨우 보르도로 돌아올 수 있었다고 합니다.
어쩔 수 없네, 그럼 내가….
허걱
하고 사회자가 외쳤다고 해요.
이 가엾은 아이들을 누가 보르도까지 데려다주지 않겠소!!
웅성 웅성 웅성 웅성 웅성
그 순간 대표로 에밀리 씨가 무대 위에 올라간 다음…
힘든 일도 많이 있었지만요.
물—
우리도 헤매고 있어!!
소금~
위험 했다!!
번쩍 번쩍
누군가에게 물어보고 도움받는 등…
트램 표는 이렇게 사는 거예요~
오버 부킹?!
오— 메르시~
버스 탑승장이
어디지 ?? 두리번
어—두리번
녹초가 됨…
생각해보니 이번 대회는 정말 트러블의 연속이었고…
메뉴를 전혀 모르겠어…
? ?
자신에게 주는 선물로 사온 베이슈벨 와인!!
살짝 무리함 ♥
CHATEAU BEYCHEVELLE
이런 경험을 한 것도 진심으로 감사하다~고 생각했답니다.
그렇게 생각하니 어쩐지 웃기기도 하고…
그러면서 용케도 완주를 했었네요~
아하하
호텔에 도착하니까 이미 한밤중인 거죠!!
참가한 사람들 모두에게 분명 여러 가지 일이 벌어졌을 테고,

Photo Gallery

CHAPTER.1
와인을 마시면서 달리는 메독 마라톤으로 GO!

와인 드실래요~?

바이킹이 많았음!!

음~ 깊이가 있고 화려해…

드륵드륵

과연 이걸 끌면서 완주했을까…

포테이토칩 드세요~

적어 적어요

예이~!!

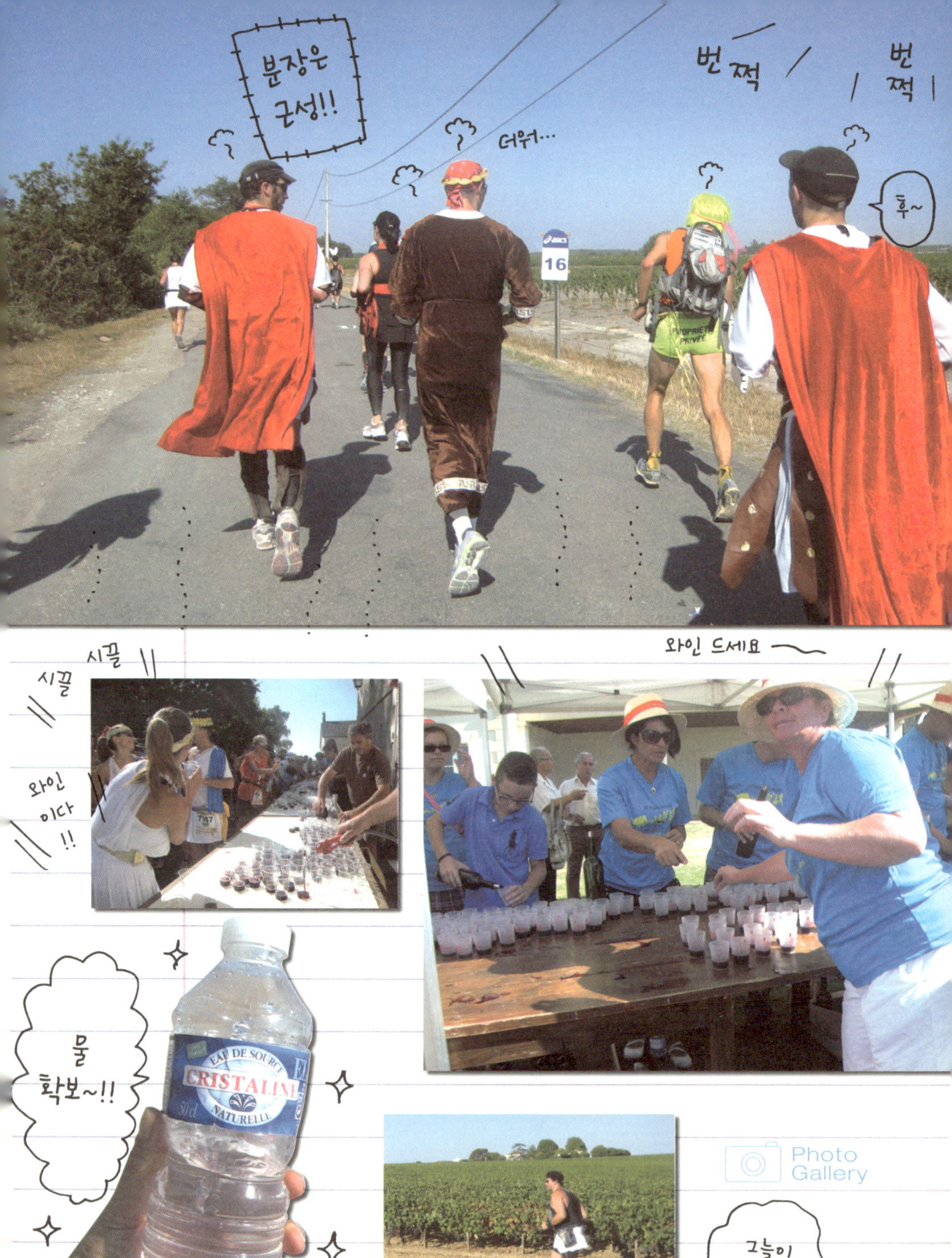
분장은
근성!!
번
쩍
번
쩍
더워…
후~
시끌
시끌
와인
이다
!!
와인 드세요
물
확보~!!
Photo
Gallery
그늘이
거의
없었어요~

부르릉...
안녕, 샤토~
시무룩해 보이는 회송 버스
안녕 포도밭
와 와
환상 속의 골 게이트...
6h30 ZIEHLSCHLUSS ORGANISATION
6h30 FIN DE COURSE ORGANISATION
6h30 制限時間內最後尾
멀어져가는 벽...
자랑스러워 하는 완주자들
와하하
시끌 시끌
기다려~
인도 요릿집에서 포상맥주를 먹었어요~

Paris

Photo Gallery

DALÍ

LE BISTROT d'Henri

16

파리의 멋쟁이 마담들

런런 일지
파발꾼이 있어~!!
옛날 사람이 뛴다는 느낌을 주기에는 파발꾼이 좋지만 그것도 소도구 때문에 힘들 것 같고~.
열두 겹 궁중의상 같은 걸 입으면 못 뛰겠지~.
무리야~
분장에 대한 아이디어 회의...
그런 소리 했었는데 대회 당일...
역시 힘들어 보였음....
홋카이도 출신의 착한 주자님!
감사 선물로 와인을 보냈어요~.
비행기 좌석을 양보해준 남자분과는 그 후에 메일로 연락을 해봤는데 무사히 메독 마라톤을 완주하셨다고 합니다.
쓰러지는 주자도 많아 구급차도 자주 출동했습니다....
35℃
삐뽀 삐뽀
예년에는 조~금 시원했던 모양인데 올해는 이상기온이어서 더웠다고 해요....
덧붙이자면 신청할 때는 의사가 작성한 진단서를 제출해야 해요~.
건강한 사람만 출전 가능!
OH!!
가... 가토 씨이!!
가토 씨는 마라톤 도중에 띠가 떨어졌어요....
스르륵
메독 마라톤이라 쓰고 맛있는 와인이라고 읽는다....
자기 몸 상태는 자기 책임이니!! 과음 주의!!
하지만 상당히 특수한 대회니까 출전하시는 분은 반드시 조심하세요.
어느 쪽도
간빠이!!
완패
간베이!!
그 결과는...
휘청휘청거렸던 사람....

Q. 해외 마라톤을 할 때 꼭 챙겨 가는 것이 있으세요?

A. 항상 먹는 현미와 해외용 작은 전기밥솥,
그리고 즉석 된장국과 레토르트 카레, 말린 매실같이
해외에서는 구하기 힘든 일본 음식을 빠뜨리지 않죠.

Q. 장시간 비행해야 하는 나라의 대회에 출전할 경우,
다리가 붓거나 피로가 남을 때가 있는데요.
이를 예방하기 위해 뭔가 효과적인 방법이 있나요?

A. 비행기 안에서 걷거나 체조를 하거나 정기적으로 움직여야 합니다.
그리고 비행기에 타기 전에 제대로 식사를 하고
기내식을 모두 비우지 않는 게 좋습니다. 또, 만약 옆자리가
세 좌석 정도 비어 있다면 옆으로 누워 있는 것도 도움이 돼요.

Q. 해외 마라톤 출전 시 시차를
극복하기 위해 하시는 것이 있나요?

A. 도착하고 나서 호텔에 체크인하면, 자지 않고 곧바로 달리러 나갑니다.

Q. 30℃가 넘는 대회에서 뛸 때, 더위 대비책이 있으세요?

A. 통기성이 좋은 모자와 선글라스는 꼭 필요합니다.
목에 직사광선이 닿지 않도록
시원한 넥쿨러도 있으면 좋죠.

Q. 긴 선생님은 마라톤 전날 밤과
당일 아침에 어떤 걸 드세요?

A. 가는 곳에 따라 다르지만, 보통 전날 밤엔
쌀밥을 먹기 위해 일식이나 중식을 파는 곳에 갑니다.
아침엔 대개 밤에 만들어 놓은 주먹밥을 2개 정도 먹어요.

Q. 분장을 하고 달리는 경우 이것만은
주의해야 한다는 점이 있나요?

A. 기온이 높을 것으로 예상되는 레이스에서 더운 인형 탈은
열중증이 올 수 있으니 주의하세요. 또 주변 주자들에게
폐를 끼칠 만큼 지나치게 커다란 분장은 자중합시다.

동경하던 도쿄 마라톤에 자원봉사자로 참가하다

메독 마라톤도 끝나고 무사히 일본에 돌아 왔습니다만….
자꾸 그런 생각이 드는 거예요.
왜 완주하지 못했을까….
라는…
프랑스에 도착하고 나서도 관광이나 전야제 같은 것 때문에 바빠서 피로를 풀지 못했던 것…
봉쥬르!!
봉쥬르!!
와인 공부나 분장 준비에 정신을 빼앗겨서 중요한 마라톤 연습을 충분히 못 했던 것…
건배
와인 연습이야
네 번째 풀 마라톤 이라 방심 했던 점…
제한시간 6시간 30분이면 어렵지 않을지
뭐 짚이는 것이야 많이 있습니다.
태평~
시끌
시끌
'셋이 함께 달리자~!!'가 오히려 각자의 페이스를 흐트러뜨렸던 것까지….
Power Gel
POWER BAR
AMINO
말린 매실
대회 당일 아침식사도 대충, 휴대식도 대충 지니고 달렸던 것…
후우~
익숙하지 않은 프렌치 요리를 계속 먹다가 위도 살짝 지쳤던 것…

뭐, 풀 마라톤
인데도 관광,
먹거리 탐방,
전야제까지 풀로
도전해버렸으니
힘에 부쳤던
거겠죠.
하지만 기권은
역시 두고두고
분통하다….
으~음….
하지만 모처럼
축제 같은
대회에 나갔으니
양껏 즐기고
싶었는데…
전야제는
패스하고
전날엔 호텔에서
푹 쉬었어야
했나….
예상
이상으로
더웠던
것에도
크게
당했지~.
모자도
없었고~
중얼
중얼…
엄청 멋진―
여자 닌자
코스프레를
한 분들이
었어요….
911
912
913
914
제대로
다~!!
와~!!
그리고
그 친구분
사진을
보여줬는
데요….
내 친구도
여자 넷이 함께
메독 마라톤에
나가 완주했다고
해요~.
그런데
모리이 유카
씨한테
이런 정보를
들어버렸습
니다….
잡화
콜렉터
입체
조형
가이며
모리이
유카
씨
예에?!
야마삐 씨라면
혹시 그
야마삐 씨?!
유미코 씨
팀은 넷 다
훌륭하게
완주하셨다고
하는데요.
그중 한 분의
이름이
낯익었
어요….
처음
뵙겠
어요~
처음
뵙겠습니다~.
유카
씨의
친구분
유미코 씨
나중에
유카 씨한테
소개를 받아
'30km
이후의
이야기를
듣는 모임'과
회식 자리를
함께
했습니다.
으으…
우리 모임은
한심하
잖아…

전야제는 참가하지 않고 전날엔 일본에서 가져온 음식을 제대로 먹었죠~.
맞아요, 그 야마삐가 여러 가지로 코치해줬어요. 특히 전 이번이 첫 마라톤이 었거든요~.
여행도 준비해 줬어요~
마라톤 추천
다부치 유미코
순정만화가 다부치 유미코 선생님이 풀 마라톤 완주를 목표로 분투하는 만화임
(슈에이샤 출간)
와~ 알아요!! 다부치 유미코 선생님의 『마라톤 추천』에 나오는 그분요, 풀 마라톤을 3시간 30분 정도로 달리는 빠른 편집자시죠!!
저, 읽었 거든요!!
와 와
게다가 야마삐 씨는 귀국 후에 이런 추억의 포토북을 만들어 주셨다고 하는데요….
28th Marathon du Medoc
와아~!!
이걸 1시간마다 마셔요~
레이스 전이나 달리는 도중에 먹으면 좋은 보조식하고 영양제까지 세세하게 가르쳐줬어요.
샘굴
본 적도 없는 37km 지점의 구르메 존
스테이크
ARRIVÉE
914
거기에는 즐거운 듯이 달리는 모두의 모습과 본 적도 없었던 30km 이후의 사진이 가득 있었어요….

아~ 하지만 진짜 도중부터는 몽롱한 상태로 뛰어서 저도 어쩌다 골인했다는 느낌이에요~!!
아니, 그런 뜻이...
죄송해요, 저 따위...
....
헉
!!
대단하다~ 능력 있는 편집자라는 느낌이야~.
팔각
팔각
이렇게 되었습니다….
좋아! 다시 한 번 해외 마라톤에 도전이다~!!
오~!!!
그 모습을 보니 어쩐지 우리 셋은 이대로 끝난 게 아닌 거 같은 기분이어서요….
기권자 조
다음 날도 다리가 아파서 못 걸었어요~
하지만 역시 완주한 사람은 시원하고 생생한 표정을 짓는 법….
완주자
이렇게 해서 리벤지 대회는 캐나다의 밴쿠버 마라톤으로 결정했습니다!!
2013년 5월 5일 (일) 개최
벤쿠버 마라톤
그러고 보니 긴 선생님께서 전부터 추천하고 싶다던 대회가 생각났어요….
그 대회 좋아요~.
음~ 어디가 좋으려나….
긴키 일본 투어리스트
○○○세계의 마라톤 100
밀라노 마라톤
그래서 어떤 대회에 나갈까 검색해 봤는데요.
다각
다각

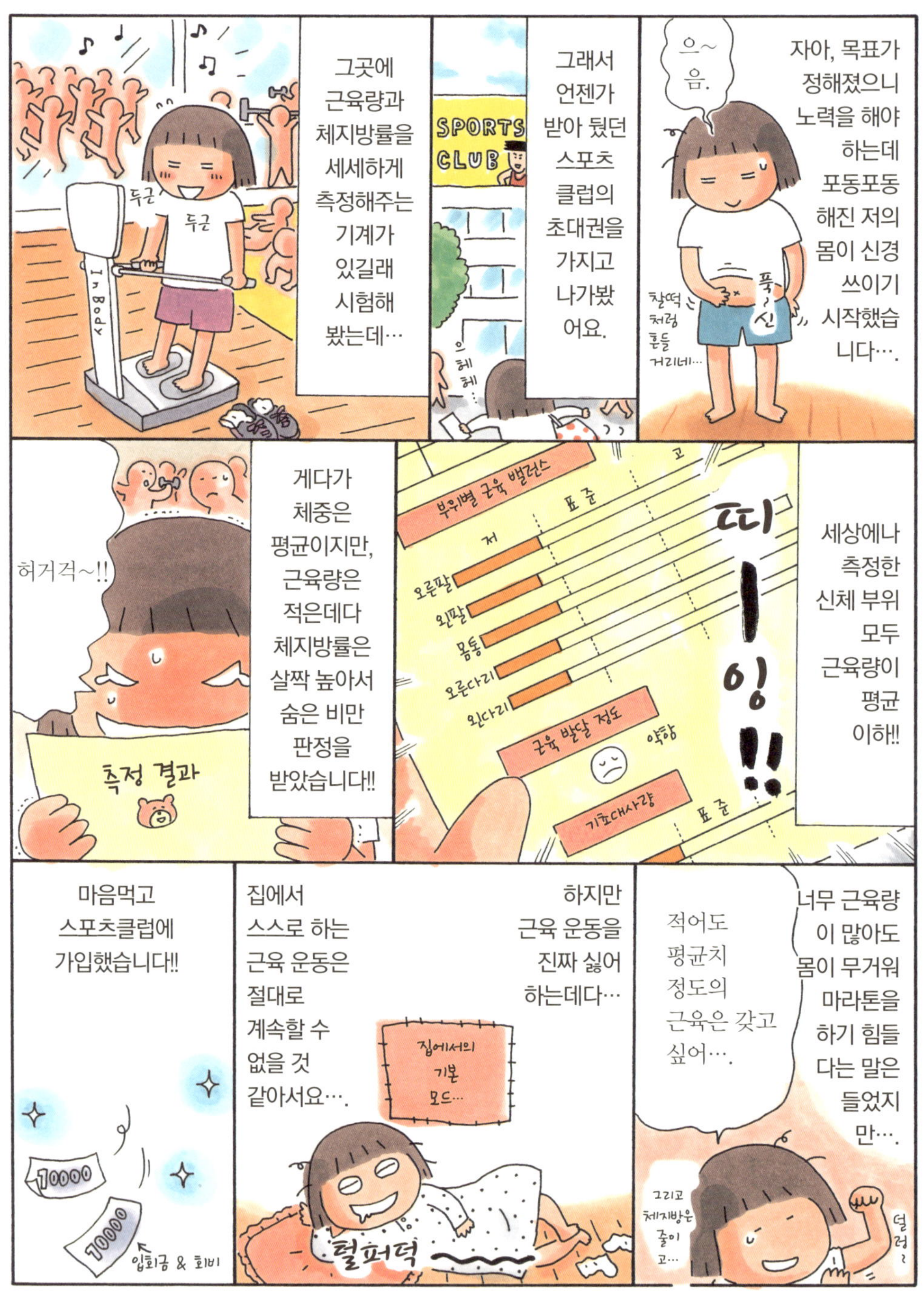
두근
두근
In Body
그곳에 근육량과 체지방률을 세세하게 측정해주는 기계가 있길래 시험해 봤는데…
SPORTS CLUB
이헤헤…
그래서 언젠가 받아 뒀던 스포츠 클럽의 초대권을 가지고 나가봤어요.
으~음.
찰떡처럼 흔들거리네…
푹~신
자아, 목표가 정해졌으니 노력을 해야 하는데 포동포동 해진 저의 몸이 신경 쓰이기 시작했습니다….
허거걱~!!
측정 결과
게다가 체중은 평균이지만, 근육량은 적은데다 체지방률은 살짝 높아서 숨은 비만 판정을 받았습니다!!
부위별 근육 밸런스
고
표준
저
오른팔
왼팔
몸통
오른다리
왼다리
근육 발달 정도
약함
기초대사량
표준
띠─잉!!
세상에나 측정한 신체 부위 모두 근육량이 평균 이하!!
마음먹고 스포츠클럽에 가입했습니다!!
10000
10000
입회금 & 회비
집에서 스스로 하는 근육 운동은 절대로 계속할 수 없을 것 같아서요….
집에서의 기본 모드…
털퍼덕
하지만 근육 운동을 진짜 싫어 하는데다…
적어도 평균치 정도의 근육은 갖고 싶어….
너무 근육량이 많아도 몸이 무거워 마라톤을 하기 힘들다는 말은 들었지만….
그리고 체지방은 줄이고…
덜덜

대흉근을 단련함
1~2kg 정도 덤벨
버터플라이
저에게 맞는 러너 트레이닝 메뉴를 받았어요.
음~ 마라톤을 하고 있는데 근육이 적고… 물렁물렁 해서…
네네…
입회 후에 일단 트레이너에게 상담을 받았는데요….
1세트를 15회 하고 60~90초 휴식을 취한 후에 1세트를 더 하세요.
30kg 정도
다리 힘을 단련함
레그 프레스
그리고 다음 날….
이걸 일주일에 두 번만 해도 체질이 상당히 바뀔 거예요!!
수고했어요~ 근육 운동에 익숙하지 않은 저는 완전 녹초가 됐어요….
파하~!!
아야 야….
끝났다
투
털 퍼~덕
플랭크
이 포즈 그대로 20초 유지 × 3회
체간을 단련해요.
전부 다 해봤자 30분이 걸리지 않을 정도의 설렁설렁한 메뉴지만…
부들
부들
이런 식으로 8종의 운동을 함
밴쿠버를 향해 열심히 하려고 합니다~!!
일단 일주일에 두 번 다니는 게 목표다~!!
얼마나 효과가 있을지는 모르겠지만요….
예이예이 오~!!
보통 때는 사용하지 않는 근육을 쓰는 거로구나….
허벅지 안쪽이
헉~ 평소에는 아프지 않은 곳까지 아프네….
전신 근육통이 제대로 엄습했어요….
아아야…
털 털
어기적 어기적

가르쳐주세요! 긴 선생님 Q&A

해외 마라톤 경험이 풍부한 긴 선생님께
이것저것 궁금했던 것을 배웠어요 ♪

Q. 휴대식을 가지고 달릴 경우
더운 날과 추운 날엔 내용물을 달리하는 게 좋을까요?

A. 더운 날엔 염분(소금 사탕)이 필수고요,
추운 날엔 에너지 계열의 휴대식이 필수예요.

Q. 달리는 도중에 다리가 당길 때,
대처법이나 예방법이 있나요?

A. 먼저 달리는 것을 멈춘 뒤 엄지발가락을 지면에 대고 눌러서
장딴지 근육을 늘려줍니다. 그 후엔 근육을 풀어주고
천천히 달리기 시작해요. 이를 예방하기 위해서
특히 땀이 많은 사람은 염분을 먹는 게 좋아요.

Q. 추운 겨울날 대회에서 저체온증이 되었다는
이야기를 들은 적이 있는데요. 예방법이 있나요?

A. 사전에 방한복을 준비하는 것이 가장 확실한 방법입니다.
갑작스러운 비가 내릴 때를 대비해서 비닐로 된 일회용 우비를
웨이스트 파우치에 넣어 두는 것은 어떨까요.
또, 몸에 오일을 바르는 것도 방한 효과가 있습니다.

Q. 발바닥에 물집이 생기는 건
달리는 방법이 나빠서 그런 건가요? 또, 달리다가 중간에
물집이 생기면 어떻게 하는 게 좋을까요?

A. 원인은 여러 가지입니다. 운동화가 맞지 않든가,
바셀린 바르는 것을 잊었다든가, 달리는 자세의 밸런스가
망가졌다든가, 지면의 영향일 수도 있어요. 만약 달리는 도중에
위화감이 느껴진다면 속도를 줄이고 신발 위에 물을 끼얹어서
온도를 내려주는 것도 효과가 있습니다.

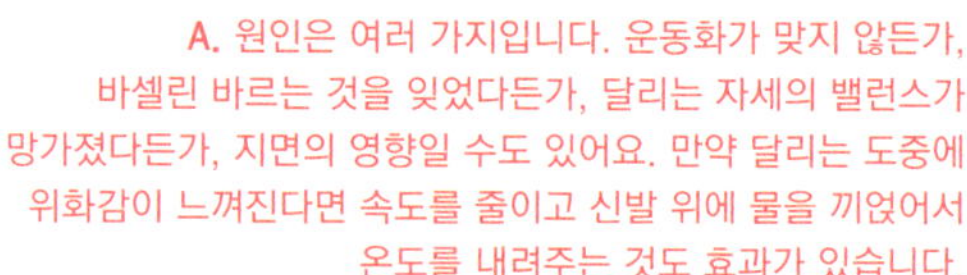

Q. 해외 대회를 지금까지 몇 번 정도 출전하셨나요?
그중 특별히 인상에 남는 대회는 무엇인가요?

A. 30회 이상일 거예요.
특별히 인상에 남는 건 처음 달린 파리 마라톤이네요.
스타트 지점이었던 샹젤리제가 무척 화려했거든요.

런
런
런
런
런
런
RUN

런
런
런
RUN
RUN

런
런언…

도쿄 마라톤은 매년 떨어지는 데요….
2013년 대회도 보기 좋게 탈락했어요.
도쿄 마라톤 2013 탈락
나도 이번엔 떨어졌어~.
하지만 떨어졌다고 해도 대회에 참가하는 것은 아직 가능합니다.
그랬구나~.
이미 과거에 세 번 당첨
으으으….
확률이 10분의 1이니…
TOKYO MARATHON
맞습니다!! 항상 그늘에서 지탱해주는 자원봉사자가 있어요!!
지금까지 참가한 대회에서도 이 서비스나 미소에 정말 큰 도움을 받았는데요….
이번엔 노리코 씨와 함께 도쿄 마라톤 자원봉사를 신청하기로 했어요!!
압~!!
앞으로 3km
파이팅~
힘내세요~
물 드세요
자원봉사자 모집은 마라톤 추첨이 끝나면 곧바로 시작하는데요….
와~ 벌써 아사쿠사나 긴자 근처의 급수 자원봉사자는 정원 오버야!!
인기가 높은 블록부터 점점 정원이 채워지는 바람에…
코스의 10km 지점쯤에 있는 '시바 블록'에서 아미노밸류를 제공하는 급수 자원봉사자로 결정되었습니다.
시바 블록
딱 도쿄타워 바로 옆을 지남
도쿄 마라톤 자원봉사자 TEAM SMILE 모집!!

앗, 우리는 저긴가 봐.
블록별로 설명회가 열리네.
시바 블록~
시골
시골
스타트 블록~!!
시나가와 블록~!!
거기에서 자원봉사자 설명회가 열렸습니다.
도쿄 빅사이트
휘잉
시골
벽적
그리고 대회 개최 사흘 전부터는 '도쿄 마라톤 EXPO'라는 이벤트가 열렸는데요….
이제 와서 살짝 불안해졌습니다.
오히려 방해가 되는 건 아닐까….
내… 내가 제대로 역할을 다할 수 있을까….
두근
두근
생각해보면 최근 몇 년간 전 프리랜서로 혼자 편하게 일해왔거든요….
생각보다 나이 드신 분들도 많네~.
분명히 학생이 많을 줄 알았는데…
시골
시골
행사장에 들어가 보니 남녀노소 제각각의 사람들이 모여 있었어요….
높은 경쟁률을 뚫은 주자들이 아침 일찍부터 의욕에 차서 오는 모습을 보여준 뒤,
많은 주자가 계속 스타트 지점으로 모여듭니다…
설명회에서는 작년 대회의 흐름을 영상으로 소개해 줬고요.
'TEAM SMILE'이라는 이름이 붙습니다.
TEAM SMILE
접수 담당
급수 담당
3016
메달 수여 담당
길 안내 담당
물품 보관 담당
약 3천 명의 주자들을 돕는 자원봉사자의 수는 1만 명 정도예요.

주자 여러분을 무사히 끝까지 달리게 하는 것이 우리의 일입니다…
이렇게 많은 사람이 정말 여러 가지 일을 해준 거였어~.
지금까지 달리는 쪽만 알았던 저로서는 상당히 찡~ 해지는 점이 있었어요….
물품 보관 담당은 트럭에 짐을 싣고~
급식, 급수 담당은 준비를 시작합니다
BANANA
근처에서 열심히 일하는 자원봉사자 들의 모습도 소개했어요.
휘잉~
자아, 이렇게 해서 맞이한 대회 날 아침—
나는 기대가 되는데~.
하지만 최대한 생글거리며 힘을 낼 거야~.
와~ 어쩐지 긴장되기 시작해~.
시끌 시끌
그 후 여러 가지 주의점을 듣고 마지막으로 대회 당일 입을 복장과 모자를 받아 들자 설명회는 끝났어요.
여러분 안녕하세요!!
반장
자신의 담당 블록으로 아침 7시 30분까지 집합하는 거였는 데요….
시바 블록 아미노밸류반
모자 안에도 핫팩
TOKYO 2013
푹신푹신 넥워머
TEAM SMILE
basics
TOKYO MARATHON 2013
안에 핫팩을 가득 붙임
두룸!!
목장갑
이로써 완벽해!!
양말 안에도 핫팩
레그워머
타이츠 + 양말 두 겹
길가에 서서 활동하기에 2월은 꽤 추운 날씨여서 잘 껴입고 왔습니다.

군마에서!!
도쿄 마라톤 자원봉사가 하고 싶어서 둘이 군마에서 같이 왔어요.
숙박도 하고
같은 반에는 이미 몇 번이나 자원봉사자로 참석했던 부부도 있고 처음인 학생들도 있는 등 다들 제각각 이었어요.
으으… 가만히 있으니까 추워~!!
휘잉
부들 부들
집합하고 잠시 동안은 아직 도로가 봉쇄되지 않은데다 준비도 시작되지 않아서 할 일이 없었어요.
보드를 이용해 층층이 쟁여 놓을 수 있게 함
TOKYO 20
팍
팍
테이블과 쓰레기통을 놓고 아미노밸류를 미리 만들어서 쟁여 놓았 습니다.
와
와
와
와
와
와
그때 부터는 완전 바빠졌 어요.
곧 도로가 봉쇄되자 자재를 실은 트럭이 다가 왔습니다.
와 와
아미노 밸류반
20km 지난 후 물반
와
안내반
다들 힘내요
반대편 차선 쪽은 20km가 넘는 지점이 었는데요. 그쪽도 반별로 부지런히 준비하는 게 보였어요.
커헉!!
540
이 정도면 되겠지?
너무 많이 따라 놓으면 마시기 힘드니까.
덧붙여 종이컵에는 음료를 높이의 반보다 약간 적게 따라 놨 어요.

9시가 지났으니까 이제 출발했겠다~.
이제 주자들이 오는 것을 기다리기만 하면 됩니다.
어쩐지 두근두근 해~
좌 ㄹ ㄹ
Amino-Value
이렇게 모두가 협력해서 준비 완료!!
빨라….
빠르다….
다 다 다
이어서 마라톤 선두 그룹도 통과했습니다….
8
814
와 와
촤
1010
먼저 휠체어 주자들이 왔어요.
왔다~!!
환성이 들려.
와 와
조금 지나자 점점 소란스러워졌고…
파
937
앗, 집어 들었다!!
↑ 가져가 주면 기분 좋음
하지만 그러다 보니 곧 급수할 주자들이 왔습니다….
이렇게 가까운 데서 보다니 땡잡은 기분이야~.
와 와
짝
짝 짝 짝
TOKYO 2013
선두 선수는 이런 일반 급수소에서 물을 마시지 않기 때문에 그냥 응원만 했어요.
아마 본인이 스페셜 드링크를 준비했을 것임

도쿄
찰칵
♥
TOKYO
급수소에서 기념촬영을 하는 주자들도 여기저기에 있었어요.
와 와
M
02
160
048
이 지점은 아직 코스의 전반부 이기도 해서 기운이 넘치는 사람도 많았고요….
와 와
1단 없어질 것 같아요!
좋아, 2단으로 교체!!
그리고 점점 바빠졌어요.
이날의 대회는 날씨가 맑기도 했고,
와 와 와
모두 파이팅!!
드세요~!!
힘내세요!!
TOKYO 2013
2013
와 와 와 와
이쪽도 즐거운 기분이 들어 웃으며 성원을 보냈지만…
잘 먹을 게요!!
고마워요!!
땡큐~!!
39
그런 와중에 인사를 건네주는 주자들도 많았고요….
잠깐만요, 다음 걸로 보충할 게요!!
3단도 다 떨어져가요!!
TOKYO 2013
허둥
지둥
핫팩 떼고 싶어…
아… 덥다….
와 와
급수소도 인기가 많아서 중반부터는 정말로 눈코 뜰 새 없이 바빴습니다.

더 놀랐던 건 이런 플래카드를 든 채로 달리는 2인조가 있었던 거예요.
엇!!
와
와
자원봉사자 여러분 스태프 여러분 감사합니다!!
59
63
와
이걸 본 급수소 봉사자들도 완전히 들떴습니다.
Amino-Value
하지만 그 후로는 주자들이 띄엄띄엄 오기 시작했고요….
힘내세요~.
와
헉…
헉…
그들 뒤로 말이죠….
부르릉!!!
수용
앗!!
끝이네….
수용 버스가 왔다는 건 끝났다는 얘기…?
와
끝나고 나니 경기 시간도 눈 깜짝할 사이처럼 느껴졌어요….
와~ 끝났다~!!
수고 했어요~.
짝 짝 짝
소리를 많이 지른 탓에 정신을 차리고 보니 목이 따끔따끔 했습니다.
어차피 버릴 거니까 마셔도 돼!!
남은 거 마셔도 되나요?
급수 당당도 급수♥

반대쪽 차선은 아직 대회 개최 중
와~ 근사한 솜씨다….
와!
와!
교통 통제가 해제되자 이내 평상시의 풍경이 되었어요….
부———웅
철 떡
물차가 도로를 청소한 다음,
와 와
와!
왜
왜!
왜!
왜!
그 후 철거 작업이 곧바로 시작되고,
이걸 실제 경험해보니 상당히 두근두근 하더라고요.
물 빨리 내놔!!
제대로 도움이 된 걸까~
미소 지으려 노력 했는데~
죄송합니다~
버스가 안 오잖아
버스
가~끔 이지만 자원봉사자 한테 심하게 대하는 사람을 볼 때가 있는데요….
마라톤 대회에 나와 보면 요….
무척 재밌었어~!!
아~ 끝났 어~.
후~
TEAM SMILE
TOKYO MARATHON 2013
귀중한 경험이 된 자원봉사자 체험이었 습니다.
대회 후에 개인 소장 가능 ♥
와~
힘내세요~
고맙습니다!!
짝
짝
전보다 더 자원봉사자에게 감사한 마음을 가지며….

좋으로 응원을!!
Photo Gallery
짜잔
자원 봉사자 유니폼!!
대회 당일 노리코 씨가 도시락을 만들어 줬어요♡
나중에 온 감사 엽서~
THANK YOU × 10000
후지 산을 이미지화한 주먹밥 이라고 함
집에서 만든 피클

기념할 만한
제1회 대회 ♪
해안을 달리는 괌 마라톤

일본에서 3시간 반 거리여서 여비도 비교적 싼데다 기념할 만한 제1회 대회!!
제1회 괌 인터내셔널 마라톤
2013년 4월 7일 (일)
풀 10km
하프 5km
그때 발견한 것이 '제1회 괌 인터내셔널 마라톤'이었습니다.
살짝 때가 늦어서 그런지 좀처럼 좋은 대회를 찾지 못하고 있었어요.
음~ 이 대회도 벌써 마감 됐네….
참가 신청 종료
5월에 열리는 밴쿠버 마라톤을 대비해서 봄에 하프 마라톤을 뛰어보려고 했는데 요….
거기서 되든 안 되든 혹시나 해서요. 메독 마라톤에서 여자 닌자였던 유미코 씨를 꼬셔봤더니….
그… 그럼 우리 둘이서만 나갈까요….
또 드리프터즈 콤비의 기이한 여정?
으~음…
이때 달리면 허리 쪽에 통증이 있어서 고민하던 노리코 씨는 패스.
음~ 나는 밴쿠버까진 몸을 회복하는 데 전념하려고~.
???
띠~~잉
하고 불타 올랐 지만….
큰맘 먹고 이 하프에 나가볼 까요~!!
재밌을 것 같아!!
가깝고!!
유미코 씨가 사는 멋진 아파트에서 출발!!
잘 부탁 드립니다~!!
잘 부탁 해요~!!
MÉDOC
나중에 괌 마라톤을 대비해서 합동 연습도 하게 됐습 니다.
3월 하순
너무나 시원하게 OK!!
와~ 나가고 싶어요!!
와~

CHAPTER.3
기념할 만한 제1회 대회♪ 해안을 달리는 곰 마라톤

혁~.
네!!
이 정도 스피드면 괜찮겠어요?
그리고 달리기 시작하자 마자 깨달았는데 엄청 빠르더라고요….
요가나 골프 같은 스포츠도 적극적으로 하고 있어서 그런지 늘씬하고 스타일이 좋아요!!
그렴 갈까요!!
MÉDOC
착
척
유미코 씨는 마라톤을 시작한 지 아직 2년밖에 안 됐다고 하는데요….

수고하셨 습니다~!!
약 10km를 달려 도착했어요!
혁…
혁…
아오야마 묘지 근처
와~ 벚꽃 예쁘다.
혁…
롯폰기 통과~!!
혁…
혁…
탁
탁
이날은 도시 한가운데서 달리기를 했습니다.

다 엄청 맛도 있고 야채도 듬뿍 들어간 건강식 이었어요!!
우히~!!
이쪽은 크레송과 자몽과 닭 가슴살 샐러드~.
두
둥
이쪽은 딸기와 토마토와 모차렐라를 넣은 샐러드고~.
요리를 좋아하는 유미코 씨가 식사를 만들어 줬는데요.
쏴
아 하하~ 앙♪
그 후 유미코 씨 집에서 샤워를 한 뒤에…

파워풀하고
순수하고
사람들을
잘 돌봐주는
유미코 씨
에게…

이다음에
닭고기
리소토도
있는데….

아직
먹을 수 있으면
낫토 오믈렛도
만들까요?

치익~

THE
언니체질

네~
먹을래요~!!

네~
저도~.

아주
들러붙는
두 사람
이었습
니다….

얼마든지!!

쟁그~

랑무~

컵도 깨뜨림 …

자아,
이렇게
눈 깜짝할
사이에
출발하는
날이!!

구오오~

이번
일정은
이런
느낌으로
짜봤습
니다….

4일째
괌(오전)
하네다
(점심 지나)

3일째
이른 아침 4:30
하프 마라톤 부문
스타트
괌
마라톤
괌 관광

2일째
마라톤 접수
괌 관광
전야제

1일째
하네다(밤)
괌(심야)

다녀왔습니다~ ♥

괌 숙박

괌 숙박

괌 숙박

괌에
도착했
어요~!!

도착한 날은
이미 밤이
늦어서
주변 경치도
잘 알 수가
없었는데요….

호텔에
도착하고 바로
잠들어버림…

쿨~

쿨~

다음 날
일어나
창문의
커튼을
열어 보니…

앗!!

괌은
처음임

안녕~!!
잘 잤어요?
이번엔 마라톤 대회장에서도 가까운 퍼시픽 아일랜드 클럽이라는 대형 리조트 호텔에 묵었는데요….
줄여서 PIC

눈앞에 아쿠아블루 바다가 펼쳐졌어요!!
와~아!! 바다다~.

바다가 보이는 스튜디오 ♥
Good Morning.
먼저 몸 상태를 가다듬고자 아침식사 전에 요가 레슨을 받으러 갔어요.

카약
윈드서핑
스노클링
퍼터 골프
테니스
양궁
and more…
이곳에서는 여러 가지 활동을 무료로 체험할 수 있었습니다.

실례 수준 ↓
기분 나쁠 정도로 유연해!!
쑤우욱
와~!!
요가를 본격적으로 하고 있는 유미코 씨는 역시나 유연했어요!!

크~!!
부들
부들
부들
부들
다니기 시작한 스포츠 클럽에서 종종 요가를 하긴 하지만 여전히 몸이 딱딱한 저….

가토 씨!! 가토 씨!!
딸~랑 ♪ 딸~랑
눈뜨라는 종
쿨~
쿨~
킥
킥
가, 가토 씨, 끝났어요!!
게다가 마지막 명상 시간에는 진짜로 잠들어 버렸어요….
한편 요가를 처음 해보는 가토 씨는 놀라울 만치 뻣뻣했는데요….
힘!
부들 부들
호-읍
혹시 앞으로 숙이는 거?
그… 그거 뭐하는 거예요?
대회장이 호텔에서 가까우니 편하네요~.
그리고 마라톤 대회장에 접수를 하러 갔습니다.
시끌 시끌
메독 때 하고 달라!!
마라톤이 내일인데 너무 힘을 쓴 건가.
근육통이 올지도…
요가… 생각보다 힘들었어요.
두 번은 못 할 것 같아…
그 래 요~?
그 후 호텔 안 식당에서 아침식사를 하고…
나중에야 참가자 2천 155명 중에서 일본인 주자가 849명인 걸 알았음
JAPAN
시끌 시끌
티셔츠랑 가방 받았어~.
GUAM INTERNATIONAL MARATHON
GUAM
교통편이 좋아서 그런지 일본에서 꽤 많은 주자가 온 모양이었어요.
그곳엔 놀랍게도 일본인 전용 접수 창구가 있었어요!!
JAPAN
GUAM/ INTERNATIONAL

메독 에서의 반성도 담아 자제 하면서 건강식 위주로…
쌀도 제대로….
야채는 많이….
점심은 맘대로 먹는 뷔페식 이었지만,
후후후…
시골
시골
대회 전날엔 역시 익숙한 일식이죠!!
호텔에 돌아와서는 안에 있는 일본 요릿집 에서 점심을 먹었어요.
일본요리 하나기 HANAGI
하하하
뭐 이번엔 하프니까 괜찮지 않을까요?
술은 참으려고 했는데~.
참지 못하고 그냥 마시고 말았어요.
정신 차리고 보니 마시고 있네!!
자, 건배~!!
먹으려 했지만, 맥주가 무제한이지 뭐예요….
콸콸
꿈에 그리던 맥주 무제한!!
옛날에 테니스부였음
오랜만에 테니스를 해보는 것도 괜찮겠다~.
부지가 도쿄돔의 약 2배였음
점심 후에는 호텔을 어슬렁 거렸습 니다….
하하하
펄~쩍
펄~쩍
와
그렇지만요~ 마라톤 전에 부상이라도 당하면 큰일 나요.
우오~ 저 트램펄린 엄청 재밌겠어~!!
타 ─ 앗
와~ 수영장 이다~.

시끌
시끌
저녁부터는 호텔 안에서 열리는 전야제에 참가했는데요.
Guam Internatinal Marathon Pre-Race Dinner Banquet
6:00 PM
Pacific Pavilion
꺄하하하
쿨—
쿨—
유미코 씨
가토 씨
무척 리조트다운 기분이야~♡
첨~벙
그렇게 되어 호텔 앞 바닷가에서 얌전하게 지내기로 결정…
식사도 뷔페식이어서 일단 제대로 밥을 먹었죠.
얏호~ 카레가 있네♡
와글
와글
♫잔치자자
빵으로 된 산
전야제 참가자는 거의 일본인이라 편한 분위기였고…
앗, 오카 씨!!
그곳에서 유미코 씨가 아는 남자분과 딱 마주쳤죠.
혼자 풀 마라톤에 출전
내일 풀 마라톤 아냐? 하하…
결국 흥분해서 살짝 무리해서 쳐버렸어요.
혁
큭!!
팔이~
잡을 수 있어!!
스매시!!
받았다!!
혁
캉
팡
복식
전야제가 끝나자 왠지 들뜬 마음에 오카 씨와 함께 탁구 경기를 했는데요…

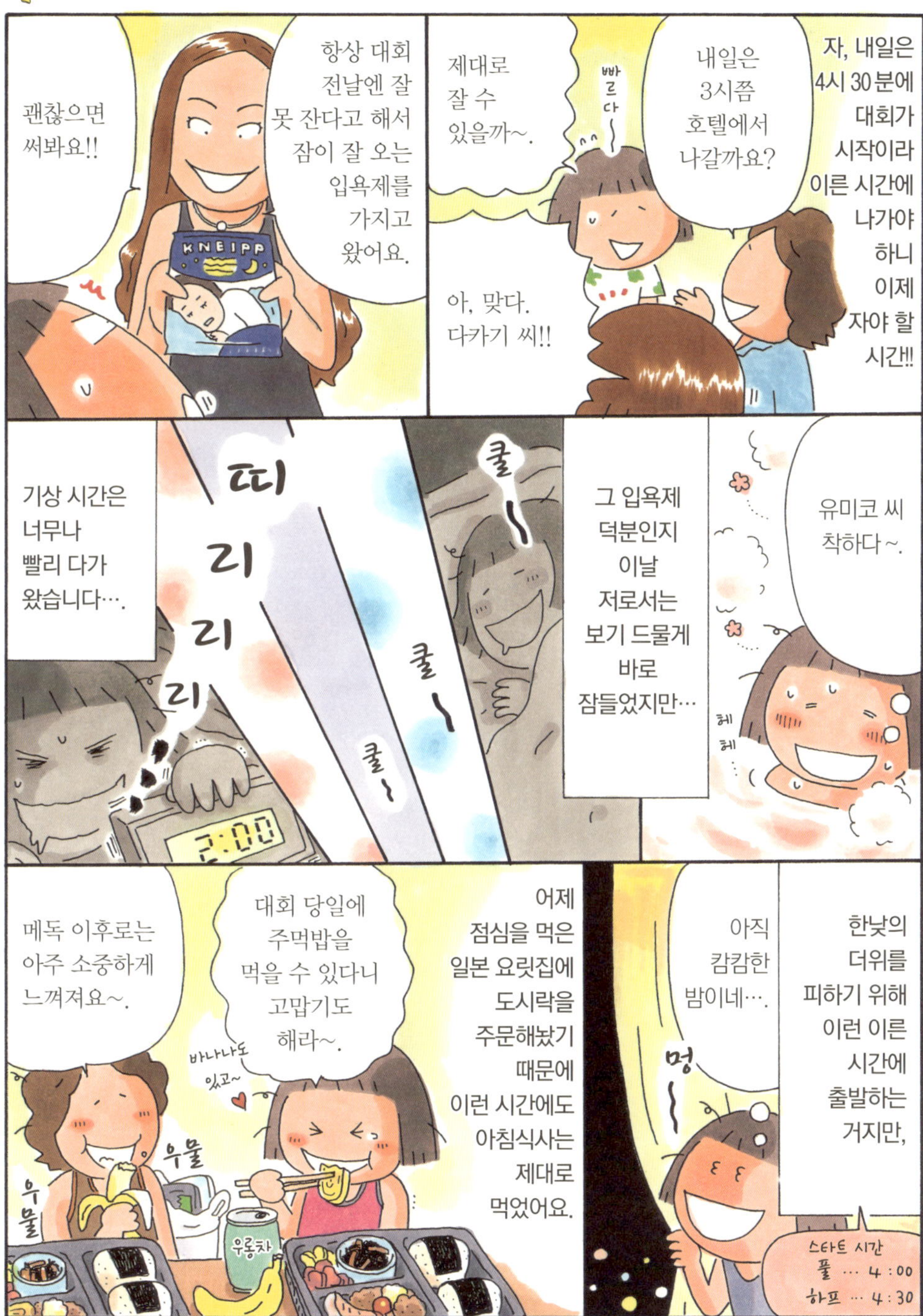
항상 대회 전날엔 잘 못 잔다고 해서 잠이 잘 오는 입욕제를 가지고 왔어요.

괜찮으면 써봐요!!

KNEIPP

제대로 잘 수 있을까~.

아, 맞다. 다카기 씨!!

빠르다

내일은 3시쯤 호텔에서 나갈까요?

자, 내일은 4시 30분에 대회가 시작이라 이른 시간에 나가야 하니 이제 자야 할 시간!!

기상 시간은 너무나 빨리 다가 왔습니다….

띠 리 리 리

쿨ㅡ

쿨ㅡ

쿨ㅡ

2:00

그 입욕제 덕분인지 이날 저로서는 보기 드물게 바로 잠들었지만…

유미코 씨 착하다~.

헤 헤…

메독 이후로는 아주 소중하게 느껴져요~.

대회 당일에 주먹밥을 먹을 수 있다니 고맙기도 해라~.

바나나도 있고~

어제 점심을 먹은 일본 요릿집에 도시락을 주문해놨기 때문에 이런 시간에도 아침식사는 제대로 먹었어요.

우물

우물

우롱차

아직 캄캄한 밤이네….

멍ㅡ

한낮의 더위를 피하기 위해 이런 이른 시간에 출발하는 거지만,

스타트 시간
풀 … 4:00
하프 … 4:30

↗ 덧붙여 가토 씨는 도시락이 2개였음

이리하여 칠흑 같은 어둠 속에서 호텔을 나섰는데요….
와!!
쿵
9635
9670
9607
남쪽 지방답다~.
스타트 지점에서는 벌써 파이어 댄스 쇼가 열려 달아오르는 중이었습니다.
쿵
휘익
짝작
그리고 먼저 스타트하는 풀 마라톤 부문에서 어제 같이 탁구를 쳤던 오카 씨를 발견했어요.
오~
앗, 오카 씨~.
2693
어때요~? 어제 탁구 때문에 아직 피곤하지 않아요?
아, 괜찮아요~.
이렇게 오전 4시에는 풀 마라톤 부문에 출전한 약 550명의 참가자가 스타트를 했어요.
부우
소라고둥 소리
와~
와~
와~
계속해서 하프 마라톤 부문도 스타트 지점에 섰습니다….
저는 앞쪽에서 출발하고 싶으니까 앞으로 갈게요~.
우와~ 의욕 충만하네.
시끌
시끌
시끌
오전 4시 30분 하프 마라톤 부문에 출전한 약 480명의 참가자도 스타트!!
부우
와
82
9670

괌 섬
START & GOAL
PIC
확대
공항
반환점
하프 외에 풀, 10km, 5km 부문도 있어요 ♥
이 하프 마라톤은 괌 섬의 서쪽 해안을 왕복하는 이런 코스였어요.
PACIFIC ISLAND CLUB
스타트 후 곧바로 이번에 묵었던 호텔 앞을 지나자…
혁
혁
어두워서 잘 안 보이지만 이건 아마 언덕일 거야~!!
흐응
9670
잠시 동안 언덕길이 계속됐고,
76
K
76
혁
혁 섬
아직 밤중이라 열려 있는 가게라곤 편의점과 주유소 정도였습니다.
혁
혁
탁
탁
더 앞으로 나아가니 넓은 길이 나왔는데요….

안 보이지만…
옆은 아마 바다겠지….
쏴~안
쏴~안
5km
다시 어둡고 조용한 길로 들어서니…
컵케이크 같은 것
GUAM INTERNA MARATH
와ー
와ー
급수소가 나오기도 했어요.
굿ー!!
YOB~!!
휘익ー♪
good~
누군가가 있긴 하네….
실루엣만 보잉
그래도 가끔씩 응원 소리가 들리기도 했고…
!!
나오코는 어떤 것을 봐버렸어요.
탁
탁
…어?
후ー
탁
탁
9670
그런 옆 차선에서…
탁
탁
빠르다~.
반대 차선에는 벌써 반환점을 돌고 온 주자들이 달리고 있었습니다.
찰나 같았지만 그건 분명히 유미코 씨였어….
먹이를 뒤쫓는 표범인 줄…
탁
탁
그건 그야말로 운동선수 느낌으로 지나쳐 사라져 가는 유미코 씨의 모습!!
635
탁
탁
탁

그러다가 가토 씨도 스쳐 갔고…
앗.
가는 길
앗네…
돌아오는 길
하지만 왠지 이번에도 좀처럼 스피드가 올라가질 않았어요….
와~앙, 나도 더 힘을 내야지~.
흐읍
9670
그 반환점을 지났을 때 보인 것은…
응?
와!
296
GUAM
INTERNATIO
MARATHO
저도 겨우 반환점에 도착했어요.
헉…
헉…
10.5 km
전혀 몰랐는데 반대쪽 하늘은 이랬구나~.
꼬끼오
어디선가 들리는 닭 울음 소리
예쁘다
동이 튼다~!!
밝아지는 동쪽 하늘이었습니다.
006

※배빵빵 로컬 마라톤족(まんぷくローカルマラソン旅)
: 저자의 마라톤 시리즈 중 하나로 한국에는 미출간된 작품이다.

CHAPTER.3
기념할 만한 제1회 대회♪ 해안을 달리는 괌 마라톤
완만하면서도 계속해서 업다운이 나오는 코스를 만났습니다….
또 오르막 이야
허…
좋아, 앞으로 2km다!!
2K TO GO
이… 이래서는 어서 골인하지 않으면 점점 힘들어 지겠어….
와!
와!
꿀꺽
꿀꺽
앗!!
PIC!!
그래도 열심히 계속 뛰었더니 곧 낯익은 호텔이 보이기 시작했어요….
내리막 이다~.
Hafa Adai ♡ Si Yu'os Ma'ase!
GUAM
해냈다~
2시간 15분 17초로 골인 했습니다!!
와!
와!
와~. ♡
FINISH
허…
허…
이렇게 강렬한 아침 해를 등 뒤로 받으며 라스트 스퍼트를 했고요….
번쩍
PIC가 보인다면 골은 금방이야~!!

게다가 유미코 씨는 연령대별 부문에서 훌륭하게 1위를 기록했어요!!
하지만 베스트를 갱신 못 해서 분해요~!!
경사가 꽤 많았었는데~
유미코 씨 빠르다~!!
두 사람의 기록은 가토 씨가 2시간 7분 44초, 유미코 씨가 1시간 48분 6초였답니다.
수고 했어요!!
앗.
헉…
헉…
골 지점에서는 먼저 들어온 두 사람이 저를 기다리고 있었어요….
여자 전체 4위
9607
9670
예? 아직 안 판다고요?!
NO~
하지만 괌에서는 주류 판매 시간이 오전 9시부터 심야 2시까지로 정해져 있어서…
모처럼 맑은 날 무대에 서는데 맥주나 마시면서 기다리죠.
하지만 풀 마라톤 부문도 함께 표창을 하기 때문에 몇 시에 받을지는 모른대요~.
이다음에 열린 시상식에서도 상을 받게 되었습니다.
띠~잉
이때가 겨우 오전 7시쯤이었음…
GUAM
FOOD
쿨~
쿨~
그 후에도 좀처럼 시상식은 시작되지 않았습니다….
이런 날씨에 아직 뛰고 있다니 풀 마라톤 부문은 힘들겠어요~.
아~ 근데 점점 더워지네요….
ㅇㅇㅇ… 맥주….
9670
누워버림
오카 씨 괜찮으려나…
water
와구
와구

결국 10시가 다 돼서야 시작된 시상식에서 유미코 씨는 반짝반짝 빛이 났어요.

주류 판매가 더 먼저 시작 됐고요….

확실히 말해서 이 세 사람은 '어떤 사이세요?'라고 할 정도로 분위기가 제각각 인데요….

그날 밤엔 인기가 많다는 차모로 요리 식당에 갔었어요.

짧은 일정 이었지만 남쪽 지방의 기분을 맛볼 수 있었던 괌 여행이 었습니다.

어쩐지 신기하고 재미있다~는 생각이 들었어요….

마라톤이 인연으로 이어져 이렇게 괌에서 함께 술을 마신다니…

우와
아~!!

그림과
같았던
남방의
리조트!!

로코모코
오믈렛
햄버그

가토 씨의
아침
식사

나오코의
조식은
팬케이크

Photo
Gallery

잘
먹겠습
니다~!!

런치 뷔페에서
헬시 플레이트!!

98

CHAPTER.3
기념할 만한 제1회 대회♪ 해안을 달리는 괌 마라톤

아침 도시락

이제 곧 골인이다~!!

PIC

들어온 후에 받은 볶음밥 (가토 씨)

괌을 달려라~!!

시상식은 아직도~?

귀여운 기념 쿠키

완주상!!

수고했어요 코코넛!!

포상 맥주!!

황금색 맥주
푸른 하늘!!
푸른 바다!!
휘익~!!
괌 먹거리
차모로 요리
가깝고 저렴한 리조트 부지
Photo Gallery
GUAM INTERNATIONAL MARATHON
Marathon-Half Marathon-10K-5K
INAUGURAL 2013
참가상
색깔 이쁨 ♡

런런 일지

어딘가 살짝 아타미 근방의 느낌….

느긋하고 편안한 리조트….

평탄하게 가는 길도 적어서 다리가 괴로웠어요….

후우… 헉… 헉…

이번 코스에는 엄청난 경사가 적었는데요….

완만한 오르막과 내리막이 계속됨….

고오~

앗!

덕

으이

가는 비행기 안에서 와인을 마시는데….

가방도 같이~

GUAM INTERNATIONAL MARATHON

YOP

들어온 후엔 바나나, 사과, 오렌지, 요구르트 등을 받았어요.

가방 안에 와인을 엎질러 버렸어요.

질척

꺄!!

잘 엎지르는 여자….

저런 식으로 뚜껑을 핥아 먹는 건 만국공통인가….

하고 생각했어요.

날름

BYOP

받은 요구르트를 바로 먹는 외국인을 보며

음~ 조금 더 고개를 갸웃하면서!!

이… 이렇게요?

음

포즈 요령을 배우는 나오코.

생긋

힘내요!!

좀 더 입가를 올리고~!!

언제 어디서 사진을 찍어도 웃으면서 제대로 찍히는 유미코 씨에게…

반짝

반짝

탁구를 같이 친 오카 씨도 무사히 풀 마라톤 완주!!

…
그건 꿈에서의 기록이 생각보다 좋지 않았기 때문이에요!!
짹…
짹…
…
저는 살짝 침울해 졌습니다.
이렇게 꿈에서도 무사히 돌아왔 지만…
짹…
짹…
그래요… 메독에서의 그 아픈 기억이 되살아났 습니다….
또 기권하게 되면 어쩌지~
허걱~
밴쿠버까지 이제 한 달도 안 남았는데 나 이래도 괜찮은 걸까~?!
뭐지? 설마 몸 상태가 좋지 않은 건가?!
몸도 왠지 무거웠고!!
벌떡
왜… 왜일까? 평소 연습한 대로 했는데 전혀 스피드가 올라가지 않았어!!
그럼 등산이나 수영장 갈래?
친구한테서 놀자고 연락이 오면 적극적으로 스포츠를 하자고 제안했어요.
스포츠 클럽에서 근육 운동도 열심히 하고…
훅
훅
핫 둘
핫 둘
그렇게 되어 그때부터는 더 필사적으로 연습 했는데요.
두다다…

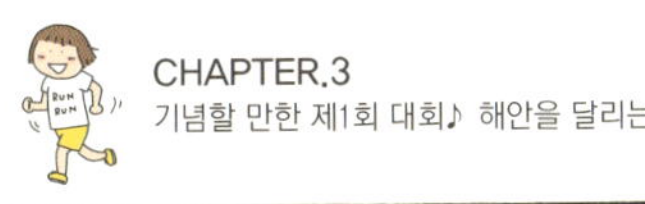

암반욕으로
땀을
흠뻑
흘리고…

어느 날은
수영장에서
2,000m
수영을
열심히
한 후에…

전형적으로
닥쳐야
불타오르는
타입인 내!!

여름방학 숙제는
8월 31일에
해치우는 스타일 ♥

닭구이를
파는
가게로
갔습니다.

격투기 쪽은
한 번도
해본 적이
없어서
살짝 긴장
했는데요….

게다가
유미코 씨가
불러줘서
킥복싱도
체험하러
갔습니다.

체육관에 들어갔는데 여자분이 상당히 많아서 깜짝 놀랐어요.
파앙
파앙
다이어트하는 사람도 있고 스트레스 해소 때문에 오는 사람도 있어요~.
주부도 많고요~
부상 당하지 않도록 스트레칭을 한 후에 기본적인 기술을 배웠습니다.
왼발을 살짝 앞으로 내밀고 왼손으로 똑바로 치는… 이게 '레프트 잽'이에요.
이때 오른팔은 굽혀서 턱을 가드!!
NO KN LIFE
슈
욱
그 왼팔을 당기면서 오른팔로 바로 때리는 것이 '라이트 스트레이트'입니다.
이때는 왼손으로 턱을 가드!!
휙
이때 오른 발꿈치를 올리고 몸을 돌리듯이 하며 펀치에 힘을 주세요.
이 두 동작을 반복하는 걸 '원투'라고 합니다.
앗, 턱 가드하는 걸 잊었네!!
슈
슈
자, 원투 원투!!
그리고 다른 기술도 배웠지만 모두 팔뿐만 아니라 몸 전체를 써서 때리는 느낌이었어요.
레프트 훅
몸을 돌리면서 옆에서 자르듯이 펀치
라이트 어퍼컷
몸을 돌리면서 걷져 올리듯이 펀치
하지만 실제로 쳐보니 위력이 있는 펀치는 좀처럼 칠 수가 없더라고요.
어쩐지 고양이가 장난치는 것 같네~.
어퍼컷!!
자, 원투! 훅!!
퍼억
슈
슈
슈
팍

으하~!!
잘한다~
자, 다음!!
땡―!!
3:00
킥복싱에 체간이 중요하다는 의미가 뭔지 알게 됐어요.
팡
팡
1라운드만 했는데 휘청 휘청~
↑ 재밌는 듯
그렇지!!
그래도 가끔씩 몸이 말을 잘 들으면 클린히트!!
파
앙
오오~!!
FE
이런 느낌 일까요?!
꺅!
퍼
억
저런 킥을 실제로 할 수 있다면 정말 멋지겠네요~.
팡
후―
팡
본격적으로 하는 분이 하면 소리부터 박력이 넘칩니다….
퍼
엉
퍼
엉
수고하셨습니다~
고맙습 니다~!!
레슨 체험을 종료 했습 니다.
비스듬하게 누워서 겨드랑이 밑에 손을 넣었다가…
코으 ―
부들
부들
부들
뺐다가 함
이다음에 체간을 단련한다는 트레이닝 같은 걸 배운 뒤…
후후 ―
슉
슉
↑ 흉포해짐
잠깐만요!! 지금 작가를 걷어차신 건가요?!

完走 세트
ZAVAS
완주
세트
프로틴
노려라, 완주. 자신의 최고기록!
그때 이걸 발견했습니다.
응? 완주 세트?
이번엔 잘 갖추고 뛰자~.
메독에서는 아무것도 안 가지고 달리다가 실패했었지~.
구연산
Power Bar
VESPA VESPA VESPA
VAAM
AAM
soyjoy
SOYJOY
소금
어떤 걸로 할까…
그런 후에는 마라톤 때 에너지를 보급할 휴대식을 사러 갔어요.
완주 세트
영열(鹽熱) 보조식품
Amino Value
포켓 소금
시큼한 말린 매실
된장국
된장국
재첩국
거기에 보조식과 말린 매실 같은 것도 더 샀어요.
달리기 전에 마시는 에너지 젤리
20km 지점에서 에너지 보급
30km 지점에서 에너지 보급
골인 후에 마시는 회복 젤리
그 후 회복 프로틴
와~ 이거 좋네!!
그건 달리기 전부터 달린 후까지 필요한 영양제가 들어 있는 세트였는데요….
GO
왕 지둥
허둥
바셀린 사는 거 깜빡했다!!
드디어 결전의 땅 밴쿠버로 출발하는 날이 왔습니다!!
연어 맛있겠다
일도 해야 해~
뺀쿠버
메이플 시럽도 많이 먹어야지
근육이 좀 늘었어!!
섀도복싱
슉
슉
러런!!
두다다…
그런 느낌으로 매일 허둥지둥 하고 있는 사이에…
러닝 웨어랑 러닝화랑 모자~

CHAPTER . 4

대자연에 둘러싸인…
밴쿠버 마라톤

메이플의 도시에 왔어요 ♪

…저건 아니지 않나요.

NOW RENTING

저기요, 가토 씨, 저게 메이플 나무예요? 예? 메이플?

이것이 캐나다!!

우오~ 어쩐지 도시도 공기도 깨끗한 것 같은 느낌!!

캐나다 첫 방문

고오~

이리하여 나리타에서 약 9시간이 걸려 밴쿠버에 도착했습니다.

다시 여기 돌아올 수 있어서 좋네요~.

아~ 이 경치 익숙하네~.

덧붙이자면 저 말고 두 사람은 밴쿠버에 와본 적이 있어요.

쳇~

게다가 로키 산맥도 아닌 듯

저건 혹시 로키 산맥?!

와~ 바다 저편에 산도 보인다!!

캬~

캬~

마라톤 스타트 까지는…

무리 하지 않기

그리고 이번 일정의 슬로건은 이것!!

6일째
밴쿠버 (낮 출발)
나리타 (다음 날 도착)
다녀왔습니다 ♥
밴쿠버　숙박

4~5일째
관광
밴쿠버　숙박

3일째
8:00 스타트
밴쿠버 마라톤
밴쿠버　숙박

2일째
프렌드십 플랜
마라톤 강습회
밴쿠버　숙박

1일째
나리타
밴쿠버 (오전 도착)
마라톤 접수
밴쿠버　숙박

이번 일정은 이런 느낌 으로 짜봤습니다….

과일이랑 요구르트도 사고 싶어~.
메이플 시럽도 사자~
물은 많이 사둬요.
슈퍼에서 필요한 물건들도 샀어요.
CONVENTION CENTER
시꿀
시꿀
긴소매 티셔츠네~
백팩 받았다~
도착 후엔 우선 마라톤 접수를 마쳤고요….
그리고 다음 날 아침….
짹
짹
피유우ㅡ
이날은 일찌감치 잠자리에 들었어요.
리스텔 호텔 안
포라지(Forage)
야채가 신선해~
맛있어!!
와삭
캐나다 맥주!!
꿀꺽
꿀꺽
그리고 호텔 안 식당에서 야채가 많이 들어간 저녁을 먹었습니다….
밴쿠버 마라톤에서는 매년 게스트 러너로 긴 선생님을 초대한다고 해요.
어이, 안녕하세요!!
시꿀
시꿀
선생님, 안녕하세요!!
그곳에서 긴 선생님도 만났습니다!!
앗!!
이튿날엔 아침부터 '프렌드십 플랜'이라는 이벤트에 참가했는데요….

무료라니 땡잡았어~ ♥
도착 후엔 가벼운 간식 서비스도 있었어요.
이 공원 넓고 기분 좋다~.
이벤트는 마라톤 코스에도 들어 있는 스탠리파크를 3km 정도 조깅하는 거였는데요….
탁
탁
그래… 확실히 들어가려면 저 버니를 따라 가는 것도 방법이겠네….
그러게~
다른 선수의 목표가 될 만한 일정한 페이스로 앞쪽에서 달려주는 사람
페이스 메이커란…
3:30
3:40
3:45
4:00
4:15
4:30
4:30
그리고 대회에서 페이스 메이커를 해주는 '페이스 버니'의 소개가 있었습니다.
와!
와!
그런 방법으로 달려본 적이 없는데 따라갈 수 있을까나~.
10분 RUN
1분 WALK
확인해보니까 정말 10분 달리고 1분 걷는 페이스로 전진한다고 하더라고요.
예?!
아마 버니는 달리다가 걷다가 하면서 갈 거예요.

밴쿠버의 요리는 훌륭한 재료 덕에 더 반짝반짝 빛나는 느낌이었어요.
맛있다
맛있다
와~ 바지락 풍미가 엄청 진해~!!
바지락이 잘게 잘려 있음
클램차우더 수프
전에 여기서 먹은 봉골레가 엄청나게 맛있었어~.
그리고 이벤트 후엔 노리코 씨가 추천한 식당에서 점심을 먹었습니다.
WATER ST CAFE
5월의 밴쿠버는 기후도 좋고 꽃도 잔뜩 피어 있어서 그런지 다들 행복해 보였어요….
메이플 이파리 찾았다♥
와~ 꽃 예뻐~
기분 좋은 점심 후에는 근처에서 산책을 했습니다.
메독 대회 전날 이 시간
파스타 파티가 열리는 샤토 앞에서 1시간을 기다림…
번쩍
메독에서는 바빴어~
메독 때하고 비교하면 엄청나게 여유가 있네요~.
저녁에는 내일을 대비해서 마라톤 직전 강습회에 갔습니다.
쿠울
그리고 살짝 낮잠을 잔 후에…
녹초

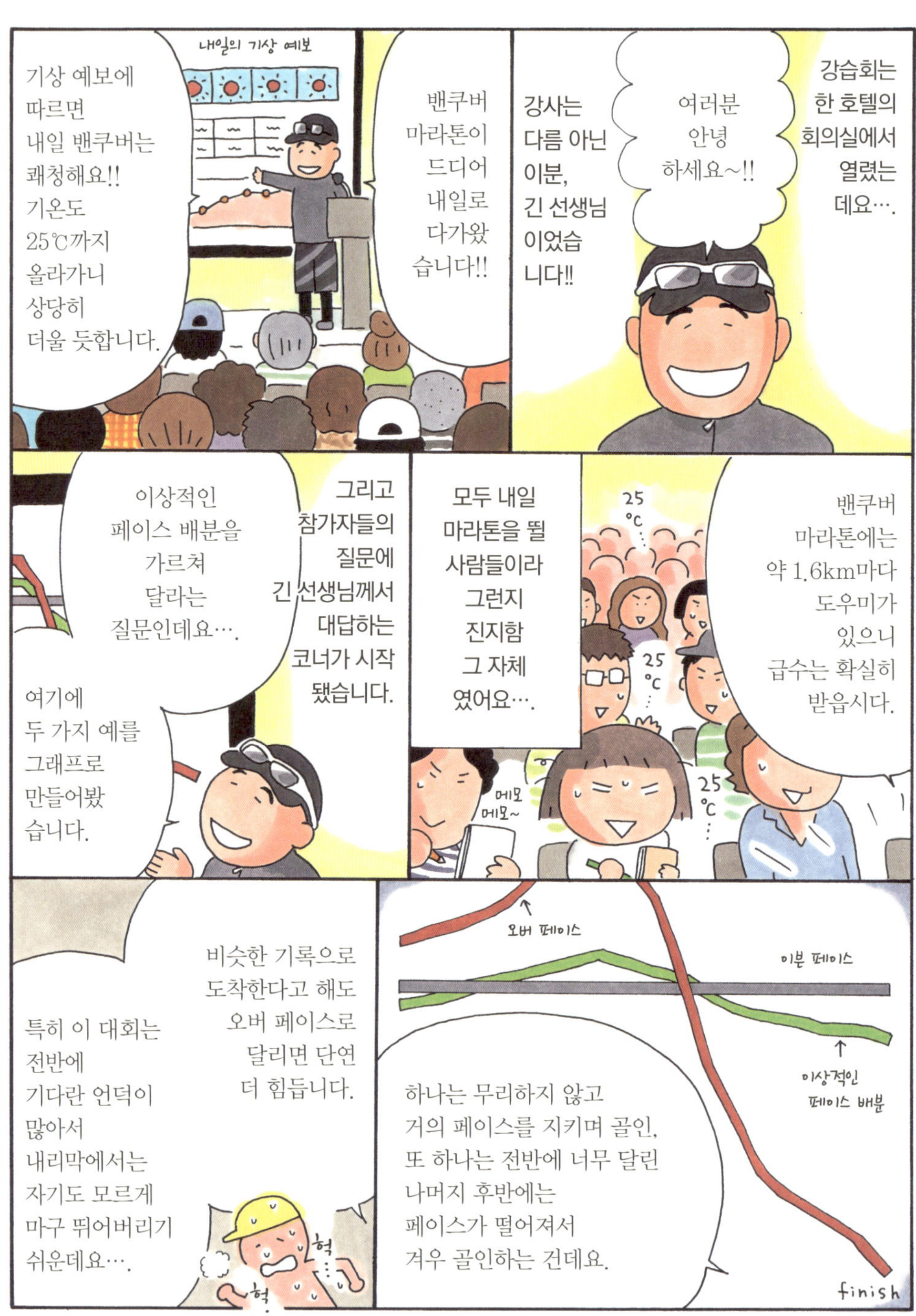
내일의 기상 예보
기상 예보에 따르면 내일 밴쿠버는 쾌청해요!! 기온도 25℃까지 올라가니 상당히 더울 듯합니다.
밴쿠버 마라톤이 드디어 내일로 다가왔습니다!!
강사는 다름 아닌 이분, 긴 선생님이었습니다!!
여러분 안녕하세요~!!
강습회는 한 호텔의 회의실에서 열렸는데요….
이상적인 페이스 배분을 가르쳐 달라는 질문인데요….
여기에 두 가지 예를 그래프로 만들어봤습니다.
그리고 참가자들의 질문에 긴 선생님께서 대답하는 코너가 시작됐습니다.
모두 내일 마라톤을 뛸 사람들이라 그런지 진지함 그 자체였어요….
25℃…
메모 메모~
밴쿠버 마라톤에는 약 1.6km마다 도우미가 있으니 급수는 확실히 받읍시다.
특히 이 대회는 전반에 기다란 언덕이 많아서 내리막에서는 자기도 모르게 마구 뛰어버리기 쉬운데요….
비슷한 기록으로 도착한다고 해도 오버 페이스로 달리면 단연 더 힘듭니다.
하나는 무리하지 않고 거의 페이스를 지키며 골인, 또 하나는 전반에 너무 달린 나머지 후반에는 페이스가 떨어져서 겨우 골인하는 건데요.
헉
헉
오버 페이스
이분 페이스
이상적인 페이스 배분
finish

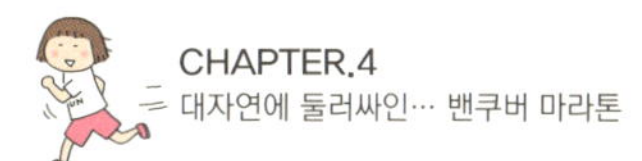

전반에
잘 뛰어서
후반에 뛸 힘을
어떻게든
남겨 두는 게
이 대회의
포인트가
되겠죠.

하하하

응성
지옥…
응성
지옥…

오싹

확실히 말해
이 대회에서
이런 오버 페이스로
달리면 지옥을
맛보게 됩니다!!

!!

START
14km
28km
FINISH

저는 아예
깔끔하게
3등분해서
생각합니다!!

25km
20km
15km
10km
5km

그리고
거리는 말이죠.
1km씩 생각하면
42.195km가
엄청 길게
느껴져요.

게다가
긴 선생님은
이런
말씀도
해주셨
어요….

5km씩
생각해도
상당히 멀죠….

지금 8km
뛰었으니까
앞으로
34.195km

뒤통수에
햇빛이 닿을
때는 모자를
거꾸로
쓰는 것도
방법입니다~

내일은 햇빛도
상당히
강할 것 같으니
모자를
반드시 쓰세요.

땀이 많은
사람은 염분을
잘 섭취
하도록!!

소금

어쩜
저렇게
대범하지!!

응성
응성
33

3…
3등분!!

그렇게 생각하면
더 빨리 끝나요~
하하하

저도 내일은 4시간 30분 페이스로 달리려고 해요. 여러분 열심히 합시다!!
엇?!
이렇게 여러 가지 조언을 듣고 강습회는 끝났어요!!
짜작
짜작
짜작
짜작
짜작
큰일 났다!! 선글라스 안 가져왔어!!
띠딩
눈이 부시면 자신도 모르게 아래를 보고 달려서 자세가 무너지기 쉬우니까 선글라스를 쓰는 게 좋아요!!
이렇게 긴 선생님이라는 지나치게 호사스러운 페이스메이커도 손에 넣었지만요….
물론이죠!!
내일 긴 선생님께 붙어서 달려도 되나요?
와 ―
그러려고요!!
앗, 저기, 긴 선생님, 내일은 4시간 30분 페이스로 달리실 거예요?
후
다 다 다닥
다른 일본인 주자들이 다 사버렸는지 주먹밥도 품절이었습니다….
터엉
어… 없다!!
내일 아침식사용 주먹밥을 사야겠다고 생각했던 일본식 편의점이 있었는데요….
KONBINIYA JAPAN CENTRE
러닝용 다운 건 안 팔아…
선글라스는 딱 마음에 드는 걸 찾지 못한데다…

가리비 타르타르나 하나비롤이나 삼색롤 같은 거 시킬까요?
스시 메뉴
손님이 계속 들어와~.
어서오십쇼!!
웃!
어서오십쇼!!
웃!
전골에 돌솥비빔밥도 있어~.
한식도 섞여 있네
소리가 엄청나…
어서오세요~
다각
hapa izakaya
하지만 대회 전날 밤에는 꼭 일식을 먹으려고 일본 요릿집을 제대로 예약해뒀죠.
해냈다~!!
그리고 주먹밥을 포장해 와서 내일 아침 식사도 무사히 확보했어요!!
역시 익숙한 걸 먹으니까 안심이 되네~.
된장국~♥
덧붙이자면, 저와 노리코 씨는 이번 대회에서 완주할 때까지 술은 참는다는 작전을 세웠습니다!!
물론 이 사람은 마셨음
자아, 드디어 스타트가 코앞입니다!!
으앙~ 나란 인간아, 어서 자라고~!!
이날 밤은 좀처럼 잠이 오질 않았어요….
하지만 역시 풀 마라톤의 중압감 때문인지… 살짝 낮잠을 잔 것이 잘못이었는지…
이번에도 가지고 왔지롱. 잠이 잘 오는 입욕제!!
이제 남은 것은 내일을 대비해 자는 것뿐!!
하하하

바다, 산, 공원! 경치를 즐기면서 달려요(풀, 캐나다)

사 뒀던 것과 일본에서 가져온 것을 든든히 챙겨 먹은 후에,

주먹밥도 바나나도 있고 아침밥다운 밥이네요!!

된장국도 가져왔지~

일본에서 카스텔라도 가져왔어.

몸단장을 마친 후에 아침 식사를 했습니다.

마침내 맞이한 밴쿠버 마라톤의 아침….

거의 잠을 못 잠…

와~ 벌써 주자들이 엄청 많이 보여~.

시골

Vancouver Marathon

그리고 스타트 지점인 퀸엘리자베스 공원까지는 전철로 이동했어요.

쭈욱~

꿀꺽

꿀꺽

완주 세트에 들어 있는 달리기 전 에너지 젤리도 마시고 에너지 충전!!

이렇게 하여 스타트 지점에 무사히 도착했습니다!!

시골

시골

와아~

쨱…

쨱…

상쾌한 아침~

역에서 공원까지 걸어가는 길은 마치 피크닉이라도 가는 것 같은 기분이 들게 했고요….

다행히 출발 전에 긴 선생님을 무사히 발견했어요!!
앗!!
긴 선생님~!!
그 사건을 추도하는 마음을 담아 이번 주자들은 노란 리본을 달고 뛰기로 했습니다.
얼마 전 열린 보스턴 마라톤에서는 결승선 근처에서 테러가 일어나 모두를 슬프게 했었어요….
자아, 이번엔 셋 다 무슨 일이 있어도 이분을 쫓아가서 완주해야 합니다….
뭔가 상투 같다….
위잉~
하하하
이번엔 달리면서 동영상 촬영에도 도전해 보려고요!!
카메라예요!!
저… 저기 긴 선생님, 머리 위에 붙이신 건 뭐예요?
이렇게 오전 8시 맑은 날씨에 약 5천 명의 주자들이 출발했습니다!!
와! 와! 휙! 와!
RUN START
도중에 삐거나 다리에 쥐가 나거나 하지 않기를~!!
아앗, 제발 무사히 완주할 수 있도록~!!
이런저런 사이에 점점 스타트 시간이 다가왔어요….
분명히 괜찮을 거야
짜잔
짜잔

Vancouver Marathon Map
35km
스탠리파크
40km
GOAL
20km
30km
25km
START
15km
10km
전반부에 언덕이 몰려 있고, 그 고저 차는 100m예요!!
5km
밴쿠버 마라톤은 수풀이 우거진 언덕길을 오르내린 후에 해안을 따라 달리다가 마지막엔 시내로 돌아오는 다채롭고 풍요로운 코스입니다.
이번에는 정말이지 신중하고 착실하게… 반드시 완주해낼 거예요!!
하하하
이번 목표는 '초심으로 돌아가자' 입니다!!
그런데 이번 목표는 무엇인가요?
출발 직후엔 자신도 모르게 텐션이 올라가기 쉽기 때문에 셋이서 제대로 긴 선생님을 쫓아갔어요….
와
와
멈칫
와
탁
탁
탁

짜잔!!
나왔다~!!
곧바로 소문의 언덕길이 등장했습니다!!
6km
Yeah~!!
BAZINGA
BAZINGA!
짝
짝
Happy Sunday !!
YOU CAN DO IT!
와ㅡ
와ㅡ
출발하고 당분간은 편안한 느낌의 주택가를 달려서 그런지 아련한 기분이었지만요….
헉~!!
탁
탁
탁
헉
잘 따라가고 있는 2인
무슨 수를 써도 스피드가 떨어져서 멀어져 버렸어요.
가자~!!
탁
탁
탁
8970
그런 오르막에서도 긴 선생님 뒤에 딱 붙어 가고 싶었지만…
으윽~!!
8970
09
두다다…
그래서 오르막 이외의 곳을 만나면, 살짝 스피드를 올려서 따라잡을 수밖에 없었죠….
하지만 이런 초반부에선 절대 낙오되고 싶지 않았어요!!
오르막은 꽤 자신 있다고 생각했는데 속도가 전혀 오르지 않잖아~!!
으ㅡ형

모처럼
따라잡았는데
또 오르막이야~!!

각오는
했지만
전반부는
정말로 이런
언덕길의
연속이었
습니다….

헐~

내리막을

긴
선생님의
가르침

살~
짝….

살~짝
짝지….

우습게 보지
말자!!

그렇지만,
내리막에서는
다리에
부담을 주지
않으려고
세심한
주의를
기울였
어요.

보폭은 작게 하고
회전수를 올려야 함!!

빙글 빙글

아, 맞다!!

12km까지
왔을 때
3분의 1이
끝났다~고
생각해야죠!!

가토 씨,
지금은 거리를
신경 쓸 때가
아니에요!!

하하하

후~
이제
겨우 10km
구나….

기온도
점점
올라가서
마침내
이런 말이
나오고야
말았어요….

10km

넓다

휘익~!!

아하하,
'땀 흘리는 건
섹시해'래요~.

SWEATING
IS
SEXY

하하하

길가에는
직접 만든
메시지
보드를 들고
응원하는
사람이
많아서
그걸
구경하는
것도 재밌
었어요.

띠 잉

3분의 1은
14km예요….

다카기
씨.

헉!

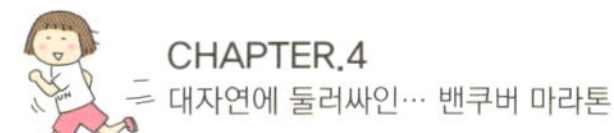

해냈다~
14 km
3분의 1 !!

이런저런
응원을
받으며
14km
지점을
무사히
통과했
습니다.

예~?
잘못 들은 거
아니에요?

진짜
라니까요!!

이건
알아들었어!!

잠깐,
저 지금
'소 프리티'란
소릴
들었어요~.

So
Pretty!!

게다가 말이
죠….

응
찔

맞아요,
어제
강습회에서도
이렇게
어깨 힘을 빼고
달리는 게
좋다고
하셨습니다….

응?!

핫!

핫!

쿵
~

쿵
~

561

뒷모습만
봐도
확실히
다른 사람하고
달라~.

반
~
듯

그 와중에도
긴 선생님의
자세는
무척
깨끗했어요.

해야지!!

8907

팡
~

팡
~

팡
~

팡
~

팡
~

8970

뒤에서 전부
흉내 내는 중

맞아,
엉덩이를
치는 것도
좋다고
하셨지!!

지금은
엉덩이를
때리는
동작을
하시네!!

팡
~

팡
~

완전히
잊고
있었어!!

앗!

해야지
!!

혁

혁

바다다~!!
그러는 사이에 눈 아래로 바다가 보이기 시작했어요….
여기까지는 3명 모두 어떻게든 긴 선생님을 따라올 수 있었습니다.
역시나 긴 선생님!!
정말로 거의 4시간 30분 페이스로 왔어~!!
와앗!!
그리고 거리도 반절인 21km 지점을 통과!!
2:14:13
Half Way Mark
후반에 들어가자 이번엔 바다 근처를 달리는 코스가 되었는데요….
이렇게 에너지 충전도 제대로 하고,
아, 맞다. 완주 세트에 있는 20km 지점 에너지 음료를 마셔야지!!
탁
탁
탁
GO
AS
쭈욱

다카기 씨!!
역시 선글라스를 가져왔어야 했어….
눈도 무척 부셨어요….
혁…
혁…
그늘이 거의 없어서 더운데다,
우와~!!
이게 무슨 일인지 기적적으로 선글라스를 얻었어요!!
짜작
짜작
8970
8970
어엇~?!
~!!
저기서 선글라스 나눠 줘!!
우하하하!!
고양이★ 톰 같아!!
인생 첫 선글라스잉 ♥
이렇게 눈부신 곳에서 달릴 땐 역시 있는 게 편리한 거로구나~ 하는 생각이 들었습니다.
안어울려!!
예전부터 저는 선글라스를 좀 어색해 했었는데요….

혁
급수에도 최대한 시간을 적게 쓰자!!는 작전
따라 잡자~
water
와 와
8970
그 외의 곳에서 따라잡을 수밖에 없기 때문에 항상 여유 없는 상태로 달렸습니다.
우~왕!!
RUN RUN
탁
탁
하지만 변함없이 오르막에서는 뒤처지고 말았고요….
긴 선생님을 쫓는 대원은 저와 가토 씨 두 사람으로 줄었어요….
어?!
24 km
괜찮아!?
다리가 당기는 것 같으니까 저쪽에서 스트레칭하고 갈게~.
그러는 동안 노리코 씨 몸 상태가 살짝 나빠져서…
3분의 2!!
28 km
이렇게 긴 선생님께 달라붙은 채로 28km 지점을 통과해 냈어요!!
8907
바싹!!
혁…
혁…
그 상황에서도 가토 씨의 굳센 기세는 훌륭했습니다.

가토 씨
탁
탁
엇.
결국
두 사람에게
뒤처지고
말았어요….
왁!!
화
악
이 다리
위에서는
바람이
꽤 심하게
불어서,
8970
그리고 30km
지점에서는
기다란
버라드 다리를
건넜는데요….
RUM
VAN
30
KM
와
와
…하고
저는 생각
했습니다.
쿨
쩍
저 두 사람은
이제 못 따라
잡겠지….
탁
탁
점점
작아지는
두 사람의
뒷모습을
보면서…
으앙~.
다리를
건너자
다시 한가로운
공원이
계속되
었어요….
완주 세트의
30km
지점에서
마시는
에너지 음료
쭉
왑
어쩔 수 없지.
여기부터는
내 페이스로
달리는 거야.
안녕,
긴 선생
님…

메모리 용량이 부족 합니다
엇?!
메모리 부족?!
응?
저는 항상 자료가 될 사진을 찍으면서 뛰는데요….
사진 찍어야지~
와아~ 진짜 예쁜 도시야~.
삑삑
삭
지금부터 해안길이라 전망 좋은 곳이 엄청 나올 텐데!!
일러스트 레이터로서도 완전 위기였 습니다!!
※ 나중에 만화를 그릴 때 무척 곤란함
8970
이번엔 가토 씨도 사진을 찍으면서 달리고 있긴 하지만 역시 메인 사진은 이 카메라로 찍기 때문에…
어째서?!
마… 말도 안 돼.
싹
찰칵
찰칵
삑삑
삑삑
찰칵
우오~!!
라고 생각한 저는 다시 한 번 두 사람을 따라잡겠다며 기합을 넣고 스피드를 냈습니다!!
이걸 한시라도 빨리 가토 씨에게 알려야 해!!
재난 현장 에서 발휘 되는 일러스트 레이터의 혼

우왕~
두 사람은
대체 어디까지
간 거야~.
아아, 여기서도 사진 찍고 싶은데~
34km
헉…
타닥
하지만
상당히
열심히
달렸는데도
두 사람의
모습은
여전히
보이지
않았고…
뭐지?
나 아직
달릴 수
있었어…?
헉…
헉…
아까
다리에서는
분명
틀렸다고
생각했었는데
인간은
참 알 수 없는
존재 같아요.
어쩐 일인지
뒤로 긴 선생님과
가토 씨의
모습이
보였습니다!!
어엇?!
하고
막 포기하려는
찰나…
으으… 이제
따라잡는 건
틀렸어…
다카기 씨!!
그렇게
차이가
벌어졌던
건가…?
이러이러하니까
가토 씨 카메라로
많이 찍어야
해요~
아, 알았어요!!
89
뭐 어쨌든
무사히
전해야 하는
용건을
전했고요….
알고 보니
따라잡지
못한 게
아니라
어느 틈에
앞질러
버렸던
거였습니다.
그랬는데
다카기 씨가
앞쪽에서
달리는 게
보이지
뭐예요~.
조금 전에
화장실에
들렀다
왔어요.
비틀
헉~.
8907

저도
모르는
사이에
긴 선생님과
가토 씨는
페이스를
올려서
달렸던
모양이
었어요.
예에~?!
지금
4시간 15분
페이스로
달리고 있으니
어쩌면 베스트가
나올지도
모르겠네요.
4시간
17분
이에요.
다카기 씨의
베스트 기록은
얼마예요?
안심
하는
바람에
힘이
빠졌을
무렵….
오사카
마라톤
에서…
찰칵
다리가
지쳤을 때
'다리가
나무토막이
됐다'는
말을
자주
하는데…
그때가
광대한
스탠리파크
안에 있는
해안길을
달리고
있을 때
였는데요….
이렇게 된
김에 저도
모처럼
두 사람을
쫓아가기로
했습니다.
헐~
베…
베스트?
왕~
하지만
어떻게든
42km까지
버텨야 해~!!
피로가
상당히
쌓인
모양이
었습
니다.
허걱~
허벅지
앞쪽이
딱딱해져서
돌 같잖아~.
이때
제 다리는
나무토막을
넘어서
마치 돌같이
느껴졌
어요!!
38
km
와
구
와
구
말린
매실
덜
걱
덜
걱
덜
걱
덜
걱
덜
걱

이렇게 38km 지점에서 긴 선생님과 헤어지고 우리 드리프터즈 콤비만 남게 되었습니다.
어엇—
8970
앗, 다카기 씨, 긴 선생님은 배가 살짝 안 좋으셔서 나머지 거리는 천천히 가신대요.
그러다 문득 앞을 보니….
어라… 긴 선생님이 안 보이시네….
꿀꺽…
어쩐지 기분이 좋아져서 실실 웃음이 나왔어요.
아… 앞으로 3km~.
헉…
이쯤부터는 이미 몸이 생각대로 움직이질 않아서 정말로 괴로웠지만…
크~!!
가토 이 사람아~
39 km
하지만 같이 달리던 가토 씨와도 점점 차이가 벌어지고 말았고…
분명히 여러 생각과 드라마를 가지고 이곳에서 달리고 있는 거겠죠.
어쩌다 이렇게 같이 뛰고 있는 주자 여러분도…
대회 전부터 계속 두근거려 하면서 여기까지 왔다는 게 정말로 기뻤거든요….
왜냐면 정말로 골까지 조금밖에 안 남은 데다…
헉…

마라톤이란 건 그저 달리기만 하는 단순한 스포츠 같으면서도 깊은 맛이 있는 스포츠구나~라는 생각이 들었습니다.
8970
고통스럽긴 하
덜걱
덜걱
그리고 바다 건너편으로 골이 있는 도시가 보이기 시작했어요.
오옷!!
왜… 왜 그러세요?!
와―
와―
비빌…
그러고 있을 때, 앞쪽에서 페이스 다운을 하고 있는 가토 씨를 발견했습니다.
목표물이 보이니 정말 기분이 좋아졌어요.
저쪽까지만 가면 끝이야~!!
와
그 와중에 저는 뭘 하고 있었냐면 요….
종열…
종열…
다각
다각
다각
삑
삑
41 km
이렇게 해서 골까지는 정말로 아주 조금!!
가토 씨의 발이 거의 한계에 다다른 것 같았어요.
발에 있는 물집이 터져서 아파요….
헐
힝내요
전 천천히 갈게요…
89

그리고 공원을 빠져나가 빌딩이 나란히 서 있는 널따란 길에 다다르자…
짝짝 와 헥 헥
POWER
8970
카메라 메모리를 비우기 위해 필요 없는 사진을 삭제하고 있었어요….
저… 적어도 골인하는 장면은 찍어야 해….
다 각 다 각 빽 빽 빽
환성과 기쁨으로 둘러싸인 골이 보이기 시작했습니다….
빌딩의 협곡 그 안에 말이죠….
와 와 와 와 와 와
짝 짝 짝 짝 짝 짝 짝
LAST
이렇게 해서 밴쿠버 마라톤은 4시간 19분 53초로 골인 해냈습니다!!
이 광경을 무사히 볼 수 있다는 것이 정말로 좋았어요….
그러자 메독 마라톤 도중에 기권했던 기억이 떠오르면서…
RUN FINISH
우와아~!!
와 와 와
짝짝 8970
와~!!
예이~!!
짝 짝 짝 짝 와
찰칵
짝
5006

가토 씨
4:23:08
고생
했어요~
노리코 씨
4:47:20
수고 많았어요~
그 후
들어온
가토 씨나
노리코 씨와도
무사히
만났습니다.
결국
베스트 기록은
갱신하지
못했지만요.
업다운이 많은
이 대회에서
저로선 정말
있는 힘껏
열심히
달렸어요.
으으…
내 발….
와
와
찌
~
익
혀
지금까지
달렸던
대회 중에서
가장
피로도가
극심한
느낌이라
잠시 동안
길가에
주저앉아
있었어요….
쿨
크
쿨
호텔에
도착한 둘은
샤워를 하고
일단 폭풍
수면에 들어
갔습니다….
팩
파스
Japanese
dle House
라멘
마루코
배고
파요
OPEN
저는 잠깐
저기 들렀다
갈게요….
먼저
들어갈게요~
꾹
꾹
다 같이
비틀비틀
걸어서
호텔까지
돌아가는
길에서는
요….
와~ 건배~!!
깡
~
!!
와
~
바다가
코앞에 보이는
시푸드
레스토랑에서
수고했어요
모임을
가졌습니다!!
그렇게
저녁쯤
살짝 체력을
회복하자…
THE BOATHOUSE
SEAFOOD GRILL & P

그리고 시푸드 요리가 줄줄이 나왔습니다.
잇힝~!!
이야~ 맛있어!!
행복해~
아아아… 맛있다!!
꿀꺽
꿀꺽
꿀꺽
이 사람은 지금까지 계속 마셨는데…
이번엔 출발 전부터 골에 도착할 때까지 금주를 선언했었기 때문에 맥주의 맛이 마구 몸에 스며드는 것 같았어요.
먹으면서 메독에도 밴쿠버에도 감사의 마음을 가득 품게 되었습니다.
아아, 생굴~
날름
날름
이 게 맛있어!!
연어 자를게~
생각해보면 메독의 반작용 덕분에 비로소 이런 기쁨을 얻을 수 있었던 것 같아요….
캐필라노 현수교
이번엔 보기 좋게 셋 다 좀비네~.
흔들
헉~ 현수교가 흔들릴 때마다 진동 때문에 근육통이 와~!!
아야야
전신 근육통을 느끼면서도 밴쿠버 관광에 나섰죠.
그리고 다음 날 부터는…
우오오~!!

거대한 목조상
곰
그라우스 산
정상에는 아직도 이렇게 눈이 있어~!!
자연미가 뛰어난 밴쿠버에는 정말이지 보기 좋은 풍경이 많았어요.
우와~.
캐나다는 가게 되면 분명히 좋아하게 될 거야!!
출발 전에 한 친구가 이런 말을 해줬었거든요….
맥주 공장 견학
MASH MIXER
꿀꺽
꿀꺽
GRANVILLE ISLAND BREWING
그랑빌 아일랜드
예쁜 베리들~♡
방금 만든 맥주♡
식사도 무척 맛있었고…
선물로 메이플 시럽을 잔뜩♡
maple
maple
마라톤이나 관광을 하러 언제가 또 오면 좋겠다~는 생각을 했죠.
그렇게 하면 미팅하러 올게요~.
다카기 씨 여기에 작업실을 차려.
여름 동안만이라도~
아~ 여기 좋다….
친구의 말대로 정말이지 맘에 쏙 들었습니다….

우와~!
로키
다~!!
※ 아니었음
Photo Gallery
돈이다~
메이플이다
CANADA
TEN · DIX
10
캐나다에서 보내는
편지는 여기에!!
스팅클락 앞 가게에서
풀 버니
하프 버니
3:45
3:45
1:40
1:40
후후후…
우리를
따라올 수
있을까?!
끝내주는 봉골레!!

아침 주먹밥!!
이번의 휴대식!!
Photo Gallery
태양이 눈부셔!!
FOX ROCKS
와 이 와 이
여기부터 스타트!!
구름 한 점 없는 맑은 날씨
휙
~!!
예 이 ? !!
BAZINGA!
Jeff John Pete
반짝
반짝

우오~

절경
마라톤

골이
코앞!!

힘내요,
조금만
더~

맑기 짝이
없는 푸른 하늘

에헤~

들어온 후에
포상
소프트
아이스크림!!

캐나다산 맥주로 건배~~~~~!!
햄버거
런치 ♡
꿀꺽
꿀꺽
Photo Gallery
에서
캐필라노
현수교
시푸드 그릴~ ♡
카오
정상에서
만날 수
있어요!!
SE MOUNTAIN
CAUTION
THE VANCOUVER
TROLLEY
연어와
아보카도 초밥~
맥주
라벨에도
메이플잎~
CANADIAN

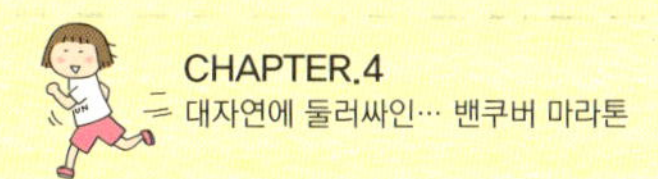

저렇게 되고 싶다….

발랄 생기

엄청나게 건강미 넘치고 강해 보이는 아주머니 주자도 많았습니다.

색채가 화려함!!

밴쿠버 마라톤은 여성 주자 비율이 꽤 높았어요.

그쪽에 가면 훈제연어를 안주로

캐나다 맥주를 꿀꺽꿀꺽 해치우는 거야…. 우헤헤 ♡

캐나다

출발 전부터 훈제연어를 먹으려고 기대했던 나….

뭐야? 이거 CG 아니야?!

밴쿠버는 바다, 빌딩, 산의 풍경이 너무나 멋지게 어우러져서 어쩐지 비현실적이었어요!!

평소에는 잘 안 먹는 거 아닐까요?

훈제연어는 보존식이나 선물로 인기 있는 거고….

하지만 현지 레스토랑에는 구운 연어는 있어도 훈제연어는 의외로 없었어요….

이번에도 러닝용과 다닐 때 쓰려고 2개를 가져옴.

선글라스를 좋아하는 가토 씨는 선글라스를 엄청 많이 갖고 있고요, 또 잘 어울려요.

나도 초밥 먹고 싶어.

초밥집에는 생연어가 있을 거예요.

우엥~ 연어 연어!!

SUSHI AOKI

…이렇게 해서 초밥집에도 갔습니다.

맛있었음!!

핥아 보고 싶다~

메이플 나무의 가지를 깎아 핥아보면 메이플 시럽 맛이 날까?

바~싹
밴쿠버에서 긴 선생님을 페이스 메이커로 삼아 상당히 득을 봤던 일과…
위~잉
맴~
맴~
저는 어쩐지 시원하지 않은 느낌이 있었어요.
…
밴쿠버 마라톤이 끝나니 계절은 여름ㅡ
맴~
맴~
빨리 타이완 분들에게 말해보죠!!
와~ 좋아!!
가고 싶어!!
이번엔 우리가 타이완 대회에 나가는 건 어때요?!
앗, 맞다!!
벌떡
타이완 분들을 초대해놓고 함께 완주하지 못했던 메독에서의 그 한심한 추억이 떠올랐거든요….
…라고 우리 중에서 요즘 눈에 띄게 상태가 좋아진 사람이 말했어요.
이번엔 꼭 다 같이 끝까지 들어와요~
목표는 12월에 열리는 타이베이 마라톤 입니다!!
저쪽도 역시 4명 전부 참가한대요.
와ㅡ
다행히 타이완 팀도 두말없이 OK!!

증상이 꽤 좋아진 거죠!!
날개가 생긴 것처럼 가벼워졌어~
육상선수 트레이너도 하는 선생인데~.
스포츠 클리닉이나 피트니스를 다녀봐도 좀처럼 좋아지지 않았었는데요. 언젠가부터 술친구한테 소개받았다는 치료원에 다녔더니….
최근 2~3년간은 장거리를 달리면 허리 쪽에 통증이 있어서 고전 중 이었어요.
아야 야….
원래 셋 중에서는 노리코 씨가 누구보다도 열심히 연습을 했었지만…
거의 매주 30km 러닝
앞을 따라가
그 후로는 매주 장거리를 달리면서 쑥쑥 주력이 상승했습니다!!
탁
탁
수준 높은 달리기 클럽에 스카웃 됐지 뭐예요….
항상 열심히 뛰시네~ 우리 연습회에 참가해 볼래요?
고민도 사라지고 러닝이 다시 즐거워 졌을 무렵…
어느 날 갑자기 허리를 확!!
악!!
삐끗
훅
훅
이렇게 생각하며 저도 근육 트레이닝과 달리기를 보다 더 열심히 하던 차에…
랫풀다운
우오~ 나도 질 수 없지!!
훔
훔
윙~
청소기를 돌리다가…
두
다 다…
깡

얼마 후 허리 통증은 없어졌지만 어쩐지 불안해서 결국 치료원을 소개받았습니다.
자… 잘 부탁드립니다.
네, 그럼 저쪽에 누우세요.
두근
두근
레끄아 고토쿠지 점
내가 다니는 치료원 소개해 줄 테니까 가 볼래?
타이베이 마라톤까지 앞으로 한 달 반 남았는데 연습을 못하게 됐어~.
으앙~
지끈
지끈
파스
꽉 악
전혀 안 되는데요~.
그러자 왼발은 어떻게든 버텨지는데 오른발은 전혀 버틸 수가 없었어요….
당겨지지 않게 꽉 힘을 주고 버텨보세요.
먼저 제가 엄지발가락을 당길 테니까…
두근
두근
네….
특히 오른발이 좋지 않아서 몸의 밸런스가 나쁘고요. 통증의 원인이 되기 쉽습니다.
다카기 씨는 허리의 추간판이 조금 삐져나와서 신경을 자극하고 있는데다 근육도 뭉치고 잘 안 펴져서 발바닥까지 힘을 줄 수 없는 상태예요.
예?!
띠잉
그다음 유연성을 체크해 봤어요.
음~ 허벅지 앞쪽이랑 장딴지도 단단하네요~.
꾸~욱
여기가 달라붙지 않음
으억.

마켄지 체조
허리 힘을 빼고 팔 힘만으로 상반신을 올렸다 내렸다 함
튀어나온 추간판이 안으로 들어감
10회 X 2세트
3초에 일어나고 3초 엎드림
허벅지 유연성
옆으로 누워서 발을 뒤로 당김
꾹
30초X2세트
집에서 하면 효과적인 스트레칭도 배웠습니다.
이렇게 되어 이날은 근육을 풀기 위해 침과 카이로프라틱 치료를 받았고요….
열심히 교정하면 안 늦어요!!
괜찮아요!!
헐
이제 마라톤까지 한 달밖에 안 남았는데요~.
전철 안에서 몰래…
대흉근 유연성
다음은 시부야
벽에 손을 놓고 가슴을 폄
꾹…
시간이 날 때마다 최대한 열심히 스트레칭을 했습니다.
전철을 기다리면서…
장딴지 유연성
곧 2번 선에~
뒤꿈치를 붙인 채로 다리를 앞뒤로 벌림
꾹…
엉덩이 부분 유연성
한쪽 발을 다른 쪽 발에 걸치고 바로 앞으로 당김
30초 X 2세트
꾹
아침 점심 저녁 하루 세 번은 하라고 해서 상당히 힘들었지만요….
평소보다 상반신이 흔들리지도 않고 허벅지도 가벼운 느낌이야….
어라…
그랬더니 달리기를 할 때도 감각이 상당히 달라졌습니다.
오옷! 엄지발가락에 힘도 들어가고 다리도 엄청 부드러워졌어요!!
바짝
그리고 일주일에 한 번씩 치료원에 다니며 치료를 받으니 상태가 점점 좋아졌어요….

라는 말이 비로소 마음에 와 닿았 습니다.
달리기에 열중하거나 근육을 단련하는 것도 중요하지만, 스트레칭이나 몸을 유지하고 보수하는 것도 못지않게 중요한 거였어…
달릴 때 상반신이 흔들리는 건 복근이 부족해서야~!!
금방 허벅지가 지치는 것도 근육이 적어서고~!!
지금까지 저는 힘이 들어가지 않는 건 근력이 부족 해서라고 생각해왔 는데요….
오사카와 후쿠오카에 출장~
다 다
우 다
인쇄소에 입고~
한편 가토 씨 쪽은 아무래도 일이 바빠서 전혀 연습을 못 하는 상황이 었어요….
나도 깜짝 놀랐어~.
와아 ~ 대단해!! 타이베이 마라톤에서 서브포 하는 거 아니야?!
지금까지 셋 다 2시간의 벽을 못 뛰어넘음
145
그러던 중 황금기를 맞은 노리코 씨는 하프 마라톤 대회에서 베스트 기록을 대폭 웃도는 1시간 45분으로 완주를 해냈습니다!!
얍~!!
각자의 사정을 안고 셋이서 일단 타이완으로 넘어갔습니다~!!
이런 상태였 습니다.
솔직히 하프도 다 달릴 수 있을지 엄청 불안해요….
미용실에 갈 틈도 없어서 소프트아이스크림 같은 머리가 되어 있음 (천연 곱슬)
게다가 아슬아슬하게 신청도 마감되는 바람에 하프로 변경할 수밖에 없었고,

모두 함께 골을 노려라! 비 내리는 타이베이 마라톤

그리고 마라톤 접수도 미리 대신해줬답니다.
가토 씨 머리가 왜 그래요?!
여러분 것까지 등 번호도 받아왔어요!!
오랜만~
와~
臺北 富邦 馬拉松
현지에는 따뜻하게도 타이완 팀 네 분이 마중 나와 있었어요….
고오~
이리하여 마침내 결전의 땅 타이베이에 도착!!
永康街行 융캉제
도착 후엔 빗속이지만 재빨리 거리를 구경했습니다.
시끌 시끌
이번 일정은 이런 느낌으로 잡아봤어요….
4일째
3일째
2일째
1일째
관광
타이베이 (저녁 출발)
↓
하네다
관광
7:00 스타트
타이베이 마라톤
하네다
↓
타이베이 (오후 도착)
다녀왔어요~♥
타이베이 숙박
타이베이 숙박
타이베이 숙박
우와~ 엄청 큰 망고빙수야!!
思慕昔
맛있어 보이는 게 눈에 띄면 가볍게 먹으며 걸어 다녔고요….
맛있어~
겉은 바삭하고 안은 따끈따끈해~!!
파빵으로 유명한 가게예요!!
앗, 줄 엄청 나다!!
天津蔥抓餅
먹어 볼까요?
天津蔥抓餅

으핫-!!

그리고 타이완 요리를 마구 주문했죠.

시대극에 나올 것 같은 가게네~.

이날 저녁은 일찌감치 먹으려고 타이완 팀이 안내한 요릿집으로 갔어요.

阿才的店

기분 내는 것도 중요 하니까!!

뭐, 홀랑 마셔버리고 말았죠.

유통기한이 18일밖에 안 되거 든요!!

이건 아주 귀한 타이완 맥주예요!!

완주할 때까지 맥주는 참을 거야!!

나도 !!

밴쿠버에 이어 이번에도 출발 전부터 금주하던 저와 노리코 씨였지만 요….

生
DRAFT BEER
ONLY 18 DAYS
TAIWAN BEER

싸 아 싸 아 …

하지만 바깥을 보니 여전히 비가 그칠 기미 없이 내리고 있었습니다….

이렇게 해서 밥과 반찬, 국물을 얹어서 먹어도 맛있어!!

다 맛있어서 자꾸자꾸 먹게 돼요~.

모든 요리가 맛있어서 타이완이 처음인 노리코 씨도 정말 좋아했어요.

꿀 떡

와 구

우물

타 이 완 은 여 섯 번 째

일본 팀
하프
풀
타이완 팀
큰 사이 씨
에밀리 씨
풀
작은 사이 씨
엘렌 씨
하프
이번 대회에서는 각자 나가고 싶은 부문에 출전하기로 했기 때문에 풀과 하프로 팀이 나뉘었는데요.
빗속에서 뛰는 거 싫지 않아요?
내일도 비가 올 것 같네요~.
풀조
그럼 내일 잘합시다~!!
오후 9시가 되기 전에 호텔로 돌아와서 일찌감치 해산했습니다.
저녁 후에는 다음 날 아침에 먹을 주먹밥 같은 것을 샀고요….
즐거워요…♡
음… 빗속을 뛰는 건….
….
오후 10시쯤 침대에 들어갔더니 바로 졸음이 왔어요….
하암
하양
이번엔 살짝 호사스럽게 셋이 방을 따로 잡았기 때문에 느긋하게 목욕을 끝내고 제대로 스트레칭을 한 후…
꾹
내일을 위해서 오늘은 제시간에 자기로 했어요!!
다리도 문질러 두자!!
문질
문질
KNEIPP
잠이 잘 오는 입욕제를 넣음 ♥

풀 마라톤을 앞두고 저는 처음으로 쾌면에 성공했습니다!!

하하하하

상쾌해♥

이리하여 밤이 지났는데 말이죠….

바셀린에는 방수와 방한 효과가 있어요!!

배는 특히 주의해서~

먼저 아침 스트레칭을 한 후 온몸에 바셀린을 바르고,

꾹—

치떡

치떡

하지만 역시 이번엔 비의 대회가 될 듯했어요….

쏴—

효과가 있을지는 잘 모르겠지만, 내 나름대로 공을 들였다고~.

구멍

달릴 때 덥지 않도록 소매와 몸통 길이를 더 자르고 통기 구멍도 만들어 뒀어요.

이번엔 작은 아동용 우비를 준비했는데요….

사각

사각

사각

그리고 일본에서 가져온 우비도 살짝 손을 봤습니다.

오오…
엄청나게
뿌옇다….
흐——릿
台北101／世貿站
시골
시골
이번 스타트 지점은 타이완에서 가장 높은 건물인 '타이베이 101' 근처 였어요.
그리고 아침을 든든히 먹은 후에 전철을 타고 스타트 지점으로 갔습니다.
어라라!
가득
가득
그러다가 떠밀리듯이 스타트 지점으로 향했는데요.
쏴
시골
스트레칭!!
시골
시골
타이완 팀도 어딘가에 있겠지만 못 찾겠다~.
비 때문에 주자들은 건물 밑으로 들어가 대기했 습니다.
아예 빨리 출발해버리고 싶다~
두근
두근
몇 번이나 경험했는데도 출발 직전엔 진정이 안 되더 라고요….
6:46 19℃
19℃면 달릴 때 꽤 더울지도 몰라~.
헉~ 앞으로 스타트까지 14분 남았어~!!
두근두근 하다~
풀 마라톤은 약 7천 명, 하프 마라톤은 약 1만 8천 명의 주자가 동시에 스타트 하기 때문에 몹시 붐볐습 니다.

이렇게 해서 오전 7시 빗속에서 42.195km의 긴 싸움이 시작됐습니다.
골에서 만나자!!
와!
와!
그럼 열심히 합시다!!
너무 멀어서 잘 안 보잉
와!
와!
와!
어엇, 이미 출발한 건가?
타이베이 마라톤 MAP
위안산 호텔
25km
30km
20km
10km
35km
쑹산 공항
15km
5km
40km
START & GOAL
타이베이 101
9km~38km 지점까지는 강변 코스가 계속돼요.
제한시간 5시간 반
이번엔 타이베이101에서 출발해 도시를 뚫고 강변을 한 바퀴 반 달린 후에 다시 출발 지점까지 돌아오는 코스였는데요.
'힘내라'는 뜻
쟈요우 加油!!
쟈요우 加油!!
加油
큰길을 달리기 때문에 길가에 응원단도 많고 떠들썩해서 재밌었습니다.
와!
와!
와!
출발 후엔 너무 붐벼서 좀처럼 스피드를 올릴 수 없었지만…

운동화도
곧바로
푹 젖어
버렸지만…

이제 막
시작했으니까
10km
정도까지는
상태를 볼까….

사실
저도
살짝 후덥
지근한
느낌
인데다…

휙~

휙~

우비
산이네…

그리고
우비를
벗어 던지는
주자도
속출하기
시작했
어요.

첨
벙

첨
벙

9274

13

아… 아프지
않을까….

꺼걱~

아예
슬리퍼만
신거나
맨발로
뛰는 주자의
모습도
여럿
보였어요….

으헉~.

첨
벙

첨
벙

SKG

일단
우비를
입은 채
달리기로
했습니
다….

8 km

오옷!!

아~른

더 달려가자
비 때문에
뿌옇긴
하지만,
멀찍이
위안산
호텔이
보였어요!!

와

와

그동안에
큰 교차점을
돌았고…

첨
벙

첨
벙

※얌차: 딤섬과 같은 가벼운 음식과 함께 차를 마시는 것을 말한다.

….

海綿

와ㅡ!

와ㅡ!

덧붙여
작년 대회 때는
더웠던 듯
스폰지가
많이 준비되어
있었지만,
아무래도
이날은
집어 가는 사람이
거의 없었어요….

와ㅡ!

水站

와ㅡ!

꿀꺽

꿀꺽

꿀꺽

그렇게
비가
내리는데도
갈증은
계속 나서
살짝살짝
목을
축였어요.

소금…

소금…

가지고 있던
소금과
말린 매실
같은 것을
먹었어요.

메독
마라톤
이후
반드시
가지고
다님

저도
모르는
사이에
땀을
흘렸는지
염분이
부족한
기분이
어서…

초코과자

바나나

크래커

웨이퍼

급식도
마련돼
있었지만
대부분
단것이었
습니다….

다리

와ㅡ!!

와ㅡ!!

철,

철,

철,

첨
벙

첨
벙

가끔씩
위에서
폭포처럼
물이
떨어져
내림

이번 비는
그걸
능가할지도
모르겠다~고
할 정도로
대단했어요.

건포도가
포도로
되돌아왔어~

쏴

쏴

쏴ㅡ

31705

자세한 이야기는
『마라톤 2년차』를
보세요~ ♥

지금까지
빗속을 달린
대회로는
4년 전
시마네 현의
'나카우미 마라톤
전국대회'가
인상에 강하게
남았었는데요….

아예 마음을 다시 먹기로 했습니다!!
우와~ 엄청난 물웅덩이라 피할 수가 없어~ ♥
아 하 하
첨 벙
첨 벙
첨 벙
그래. 이런 빗속을 달릴 기회는 그렇게 많지 않아!!
즐거워요… ♥
빗속 에서 뛰는 건…
아 ~ 런
발도 손도 퉁퉁 불을 정도로 완전히 젖었죠.
16 km
다리를 건너 강 반대 편으로 갔더니,
加油!! 加油!!
이런 빗속에서도 곳곳에는 즐거운 응원단이 있었고…
그리고 문득 돌아보니 희미하게 타이베이 101의 모습도 눈에 들어왔 습니다…
희미~
출발한 곳이야~
오오~.
다카기 짱~!!
앗, 노리코 씨~!!
다리 위에서 조금 앞서 달리고 있는 노리코 씨도 발견했어요.

해냈다~
반 왔어!!
21km
그렇게 잠시 달려가다 보니 벌써 절반 지점이었습니다!!
기다려라, 101…
좋아… 남은 건 이 강둑을 다다다~ 달려서 다시 저쪽 강둑을 다다다~ 달린 다음에 휘적휘적 뛰어서 저기까지 가면 골이야….
마시는 거 깜빡할 뻔했네…
쭈욱
…응?
그 후 이번에도 가져온 완주 세트의 20km 지점 에너지 음료를 마시면서 가다 보니…
후반에 지치는 걸 생각하면 아슬아슬한 통과 기록이었어요.
출발하고 나서 2시간 5분쯤 걸렸네….
으~ 음….
이번 목표는 베스트 기록인 4시간 17분을 상회하는 4시간 15분 안에 들어가는 거였는데요….
조금만 더 가면 우비를 벗어 버리고 이제 속도를 올릴 수 있을지도….
후 후 후…
이쯤에서 빗발도 좀 약해지고 하늘도 밝아오기 시작했습니다….
와
좋아, 저 앞에 있는 다리까지 간 뒤에 다시 저쪽 강둑으로 돌아가면 돼!!
다시 위안산 호텔이 보였어요!!
앗!!
23km

맞바람도 더 쌩쌩 불기 시작해서 마치 폭풍우 같았어요.
휘이
848
첨벙 첨벙 첨벙 첨벙
힉~!!
다리를 건널 무렵부터 다시 비가 강해지기 시작한 데다…
그~런 생각을 했지만 그건 어설픈 낙관이었던 것으로 판명….
촤
그렇다면 남은 10km를 1시간 2분 안에 달려야 4시간 15분 안에 들어가네….
지금이 출발한 지 대략 3시간 13분….
기록도 점점 떨어지고 말았고…
32km
휘잉
쭈울
히… 힘들다…!!
휘이
우비를 아직 안 벗길 잘했어~!!
아… 아무래도 이제 비가 즐겁다는 생각이 안 들어…!!
휘잉
…응?
비틀… 비틀…
37km
이렇게 길었던 강변 코스가 마침내 끝날 무렵…
여기부터는 오직 그냥 견뎌내야 겠다는 느낌으로 달렸습니다.
휘잉
으으… 적어도 빨리 강변 코스를 마치고 시내로 돌아가고 싶다!!

'수고하세요'라는 뜻
加油
辛苦了
신쿠러
나중에 알았는데 이건 타이완에서 자주 먹는 흑설탕 생강차라는 거래요.
하~ 맛있다!!
지~잉
생강향의 달콤한 차였는데요. 비에 젖어 식은 몸을 따끈하게 해줬어요.
저건 뭐지?
수프?
앞에서 따뜻해 보이는 무엇인가를 나눠 주고 있었어요.
그러고 나서 고속도로에 들어갔는데요….
얏호~ 도시다~!!
加油
자아, 차 덕분에 몸도 따뜻해졌고 시내로 들어오기도 해서 다시 힘이 솟아났습니다.
고오~
그다음 으로는 터널 안 코스가 나왔습니다….
쏴~
비만 안 맞아도 정말 달리기가 쉽잖아~!!
으어
539
두 다 다
이곳이 대회를 시작하고 나서 처음으로 비를 안 맞고 달린 곳이었어요.

터널 안에서 최대한으로 힘을 짜내 질주 했습니다.
슉슉
푹푹
우오오~ 여기서 기록을 단축하는 거야~!!
두다 다 다 다
여기도 비바람을 피할 수 있는 곳이라 서비스 스테이지처럼 달리기 쉬웠는데요….
이렇게 해서 터널을 빠져나오자 남은 거리는 정말 아주 조금이 었습니다.
Last 1km
좋아, 왔다~.
왠지 '아직 몸은 움직이고 있어'라는 느낌이었 어요.
가라, 나오코~!!
이날 저는 상당히 피곤하긴 했지만…
도… 돌아왔어~!!
아침에 출발했던 그 골 지점이 보였어요….
'뛰어라'라는 뜻
跑 파오치라이 起來
加油
으아아~!!
加油
마지막은 다시 길가에서 울리는 응원의 기운을 받으며 힘을 쥐어짜 달렸더니…

마라톤을 하며 모르는 도시를 달리는 건 참 신기한 경험이에요….
잠깐이지만 그 도시에 사는 사람이 된 듯한 기분이 들거든요.
加油!!
加油!!
加油!!
와—
와—
와—
와—
와—
헉
헉…
그리고 그곳의 사람들한테서 응원을 받으면, 마치 아는 사람이 생긴 것 같은 기분마저 들고요….
달리고 있는 바로 그 도시가 좋아집니다….
와—
와—
짝짝
짝짝
짝짝
짝짝
짝짝
이렇게 결국 처음부터 마지막까지 우비를 입은 채로 달리긴 했지만…
타이베이 마라톤도 무사히 골인했습니다!!
우와~아!!
와—
와—
짝짝
짝짝
5006

목표로 하던 4시간 15분 안에 들어왔는지는 약간 미묘한 와중에…
로스 타임은 2분 넘었을까, 얼마 정도였을까….
정식 기록은 스타트 지점을 지날 때까지의 로스 타임을 빼고 남은 시간이기 때문에…
현재 시각
11:16:47
市 政府
헛…
….
헛…
이때가 출발 시간에서 4시간 17분쯤 지난 시점이었는데요….
타월과 메달을 받음
그리고 완주자에게 주는 도시락을 받은 후에 호텔로 돌아왔어요.
나도 좀 전에 들어왔어~.
비 때문에 힘들었지~
아 ~ 노리코 씨.
비틀
← 골에 들어오자마자 비틀거림…
맡긴 짐을 받는 장소에서 노리코 씨를 발견했습니다.
배가 고프다는 것을 자각하고 말았습니다.
벌떡
으앗?!
꼬륵
!!
털썩
하
목욕탕에 들어가서 차가운 몸을 잘 녹인 다음에 한잠 자려고 했는데…
하
수고했어요~
호텔에 가서는 먼저 돌아온 가토 씨도 무사한 것을 확인했고요….

덧붙이자면 수수께끼의 이 액체는 닭 엑기스로 만든 건강 음료로, 타이완 사람들이 즐겨 마신다고 함
…라고 생각했지만 일단 먹기 시작했더니 맛있어서 날름 다 먹어 버렸습니다.
우적 우적 우적
그리고 이 '닭'이라고 씌어 있는 수수께끼의 액체는 뭘까….
살짝 무서워…
白蘭氏 鷄精
오오… 달린 다음에 먹는 것치곤 살짝 무거워 보이는 도시락이네….
고기…
그래서 아까 받은 도시락을 열어 봤더니…
건배~!!
타이완 팀과도 뭉쳐서 같이 포상 맥주를!!
와~!!
蘇杭 點心店
그리고 그날 밤….
우우와~ 탱글탱글 새우만두!!
기다렸습니다, 샤오룽바오!!
두둥~둥!!
하~!!
마치 탑처럼 쌓아 올려진 따끈따끈한 나무 찜통들이 등장 했습니다….

너무 좋다~!!
짝 짝 짝 짝
와~ 해냈어~!!
결과는 목표 기록 안인 4시간 14분 26초였어요!!
다카기 씨 기록은….
두근 두근
으하~.
그 후에 에밀리 씨가 대회 사이트에서 정식 기록을 확인해줬는데요….

풀
쿤 사이 씨
5 : 20 : 42
에밀리 씨
5 : 19 : 18
가토 씨
2 : 18 : 59
작은 사이 씨
2 : 49 : 28
엘런 씨
2 : 36 : 19
하프
다른 멤버들도 열심히 완주했습니다!!
그래도 대폭 베스트 기록을 갱신했어요!!
노리코 씨는 4시간 11분 32초!!
짝 짝 짝 짝
이번 목표는 서브포였지만, 비와 바람에 고전해서 목표 달성을 하지 못한 노리코 씨 기록은….

모두 함께 완주한 후에 먹으니 또 엄청 각별하게 느껴졌어요.
벌컥 벌컥
시끌 시끌
와하하
아하하
바인데도 맛있는 군만두가 나옴
아~ 달린 후에 먹는 맥주나 밥이 맛있는 건 이미 충분히 알고 있었지만요….
건배~!!
식사를 마치고 나서는 바에 가서 2차 모임을 했고요.

와~ 온천호텔 엄청 많다~.
쫄겠다
장딴지가~
金都 溫泉飯店
아야야….
빌틀…
빌틀…
전신 근육통을 앓으면서도 타이베이에서 전철로 40~50분 걸리는 곳에 있는 베이터우 온천에 갔어요.
그리고 타이베이 마라톤 다음 날 에는….
꼬끼오~
수영복을 입는 냉녀혼욕 탕
노천 온천에도 텀벙 들어갔습니다!!
하~
親水公園露天温泉浴地
멍~
족탕~♡
여기 에는 온천이 흐르는 강이 있어서 요….
건 배 ~!!
孔雀蛤
통합 비슷한 조개임
TAIWAN BEER
단수이 명물인 공작조개를 먹으며 이날도 건배를 했어요!!
그다음엔 단수이라는 강어귀의 거리로 이동해서…
어쩐지 몸이 가벼워진 기분이야~.
余家孔雀蛤大王

史記正宗牛肉麵
永和豆漿大王
阿宗麵線
鮮肉包
豆沙包
정말 좋아하는 음식이야
이거 주세요
한입만 주세요
맛있어!!
맛있어!!
맛있어!!
후룩
두유~
아침엔 튀긴 빵~
그리고 맞이한 마지막 날에도 배가 터질 때까지 먹부림 탐방을 했습니다!!
그때 우리 집에서 묵는 건 어때요~?
시골
응원하러 갈게요~
시골
시골
이렇게 마라톤의 원이 넓어지는 것도 또 즐거운 일입니다.
2월에 도쿄로 갈 거예요!!
그런데 에밀리 씨가 2014년 도쿄 마라톤에 멋지게 당첨됐다네요!!
와ー!!
꺅~!!
엄청난 귀환 선물이다….
풀 마라톤을 달렸는데도 돌아왔더니 체중은 3kg이나 늘어 있었습니다.
다 같이 완주한 덕에 더 훌륭한 대단원이었어요!!
그쵸
뭐랄까, 출발 전엔 여러 가지 준비하느라 힘들었는데, 끝나니까 모든 게 찰나 같아요~.
말린 어란
이것으로 타이베이 마라톤도 무사히 종료했어요….

망고빙수
키티가 가득한
에바항공
수세미와
대합이
들어간
국
루로우판
Photo Gallery
반
왔다~
21km
加
油
!!
加
油
!!
에너지 보급도
잊지 않고!
귀여워~♡

싼
好 吃 ♡
GOAL!!  
加油!!
재첩 라오주 절임
음~♡
두둥
훌쩍
야시장에도~

내 책 타이완판
발견
베이 터우 온천
타박 타박
콩~
Photo Gallery
선물로 말린 어란을 샀음
다 너무 맛있었어요!!

런런 일지

갈아입을 옷,
타월 등을 맡겼음.

대회 당일에
짐을 보관할 땐
꽤 괜찮은
물품 보관용
가방을 구입해서
맡기는 시스템이
있는데요….

결국 계속
우비만
입었어요~.

타이베이
마라톤용으로
새로운
러닝 웨어를
샀지만…

200타이완달러
(약 340엔)

꺄~
푹 젖었어~!!

가엾어라….

비가 너무
많이 오는
바람에
노리코 씨
가방이
침수되어
버렸어요….

내 거는
안전했음.

꽉

소금에 절인
거위 알과
여주 볶음

정말
좋아하는
타이완 요리

…하고
계속
조마
조마
했어요.

멍 때리다
하프 조를
따라가면
어쩌지~?

어디쯤에서
코스가
나뉘는
거였더라….

풀과
하프가
동시
출발했기
때문에
말이죠….

선물로 살짝
고급스러운
타이완 차를
샀어요~.

힘줬음!!

차

차

아리산 우롱차

동징 우롱차

뒤에서는 풀인지 하프인지
번호가 잘 안 보였음….

加
油
!!

加
油
!!

길가에서
응원해주는
사람 중엔
젊고 예쁜
여자애들이
많았어요!!

건배~

건배~

와

와

건배는
좋은
거야!!

웨딩드레스

마라톤을 시작하려고 마음먹은 후, 벌써 올봄으로 6년이 되었습니다.

저도 이렇게 길게 계속할 수 있을 줄은 몰랐지만,

함께 달리기를 시작해준 사람이 '완전'을 붙여야 할 정도로 성실한 노리코 씨였던 것,

달리는 동안에 점점 함께하는 동료가 늘어났던 것,

나가보고 싶고 동경하는 대회가 자꾸 생겼던 것 등등의

이유로 어떻게든 지금까지 계속하고 말았다는 느낌입니다.

달리는 것을 좋아하나요? 하고 물으면

사실은 저도 잘 모르겠어요.

달리기하러 갈까~ 생각할 때는

항상 살짝 귀찮은 기분이 들기도 하고요.

더운 날이나 추운 날은 달리고 싶지 않다~는 생각도 하고,

마라톤 대회 전엔 긴장해서 '빨리 끝났으면 좋겠다'는

생각도 들어요. 또 저는 기본적으로 근성이 없거든요.

하지만 그런 마음을 뛰어넘어 일단 달리기 시작하면

여러 경치가 흐르고, 바람이 얼굴에 닿고,

자기 몸이 부릉부릉 움직이며

어쩐지 엄청나게 말끔한 기분이 들 때가 있어요.

타이베이 마라톤 완주 메달

밴쿠버 마라톤 완주 메달

괌 마라톤 완주 메달

그건 기분이 좋아요~!!

뜨뜻미지근하던 작은 고민 같은 것들이 날아가 버릴 때도 있습니다.

'달리러 가는 거 귀찮다~'는 생각이 들 때,

'하지만 반드시 달린 후에 달리길 잘했다!'고 생각할 거야 하고

자신에게 얘기하면 그럼 조금 뛰고 올까~라는 생각이 듭니다.

그리고 달린 후에 먹는 밥은 정말 맛있어요!

이것도 크죠~.

그 후 다른 분들은요….

노리코 씨는 좋은 상태를 유지하고 있고,

여러 대회에도 신청해서 정력적으로 계속 달리고 있습니다.

정말로 순수하게 달리는 것을 좋아한다는 느낌이고,

언젠가는 울트라 마라톤(1,000km)에도 나가보고 싶다고까지 말해요.

자아, 그녀는 어디까지 계속 달리려나요~.

가토 씨는 변함없이 일이 바쁜 모양이라,

타이베이 마라톤 후에도 좀처럼 머리를 자르러 못 가고,

소프트아이스크림에서 더 길어져

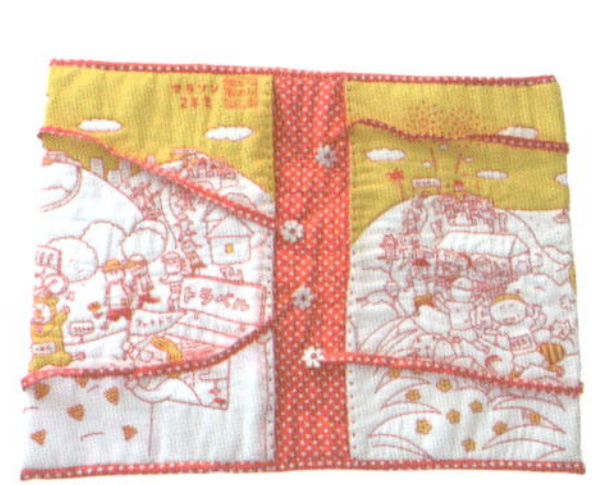

노리코 씨가 직접 만든 갈아입을
옷 주머니 (『마라톤 2년차』 때
판촉 수건을 리폼한 것!)

노리코 씨가 직접 만든 새 가방

메두사나 라멘 같은 머리가 되고 말았는데요.

드디어 자를 수 있었던 듯, 오늘 만났더니 오랜만에 말끔했어요.

괌 마라톤에서 함께 뛰었던 유미코 씨는

그 후에도 좋은 상태로 계속 달리시는 듯

작년 가을에 나간 풀 마라톤에서는 서브포도 달성했다고 해요.

웅~ 파워풀해요!

타이완 분들도 타이완 국내 대회에 여러 번 출전하셨다는데,

도쿄 마라톤에 출전한 에밀리 씨도

자기 베스트 기록을 30분 이상 단축하고 훌륭하게 서브파이브로 골인!!

도쿄 마라톤은 도라야키나 초밥 같은 음식도 많이 나와서

정말 즐거웠다고 해요.

다행입니다!

그리고 저는요….

원래 겨울에는 좀 힘들어서 안 뛰는데다가

이 책 집필 작업에 푹 빠져버려서

요새는 다시 운동 부족 상태가….

하지만 이 후기를 다 쓰면 일단락도 나고

타이베이 마라톤에서 착용(우비 속에)

괌 마라톤에서 착용

바깥 날씨도 좀 따뜻해졌기 때문에

다시 느긋하게 달리러 나가고 싶다~는 생각을 하곤 해요.

『마라톤 1년차』부터 시작해서,

설마 했는데 이렇게 계속 쓸 줄은 몰랐던 마라톤 시리즈지만,

여러 권을 쓰는 사이에 정말로 다양한 장소에서 뛰고

많은 사람을 만나고, 즐거운 일이 많이 있었구나~ 하는 생각에

마음이 찡해집니다.

일단 이번 책으로 마라톤 시리즈는 마지막이지만

앞으로도 마이 페이스로 달리겠다고 생각하고 있어요.

계속 함께 달려준 노리코 씨, 가토 씨,

고마웠어요.

진한 추억이 많이 생겨서 즐거웠어요.

"힘내라~!" 하고 길가에서도, 책 저편에서도

응원해주신 여러분,

정말 감사합니다~!!

2014년 3월 다카기 나오코

폐 많이 끼친 운동화들

초보도 따라 하기 쉬운 즐거운 달리기 프로젝트
마라톤 1년차

다카기 나오코 글·그림 | 윤지은 옮김 | 176쪽 | 10,000원 | 신국변형

숨쉬기, 손가락 움직이기가 운동의 전부인 만화가 다카기 나오코, 인간 한계를 시험하는 인생 최고 극기에 도전하다! 초보가 갖춰야 할 준비물부터 마음가짐, 훈련법뿐만 아니라 각종 마라톤 대회와 그 주변 맛집 투어까지 담겨 있어 마라톤 지침서로서도 충분하다. 특히 단순한 달리기 속에 담긴 인생의 희로애락과 웃픈 경험담을 읽다 보면 공원이라도 나가 뛰고 싶은 마음이 간절해진다.

들썩들썩 근질근질 읽으면 달리고 싶어지는
마라톤 2년차

다카기 나오코 글·그림 | 윤지은 옮김 | 176쪽 | 12,000원 | 신국변형

마라톤 왕초보 나오코도 2년 차에 접어들면서 마라토너로서 조금씩 성장하기 시작한다. 호놀룰루 마라톤에 이어 두 번째 풀코스 마라톤에 참가하고, 팀을 이루어 달리는 릴레이 마라톤에 출전하며, 산을 오르내리는 트레일 러닝에 도전하는 등 다양한 훈련과 대회를 경험하면서 나오코는 좀 더 깊게 마라톤을 알아간다. 물론 여전히 체중도 그대로고 달리기가 끝난 후에 맛집을 찾아다니는 것도 전혀 변하지 않았지만!

두근두근 혼자 떠나는 일본여행
나홀로 여행 1

다카기 나오코 글·그림 | 윤지은 옮김 | 144쪽 | 10,000원 | 신국변형

소심한 150cm 키의 만화가, 나홀로 여행을 떠나다! 걱정만 가득 안고 떠난 첫 나홀로 여행에서 다카기 나오코는 다양한 사람들과 격의 없이 친해지고, 현지에서 수소문해 명물 음식을 먹으러 가는 등 이리저리 좌충우돌하는 동안 새로운 환경에 즐겁게 적응해간다. 그러면서 남에게 의존하던 자신이 모든 걸 스스로 결정하고 해결하면서 점점 적극적으로 바뀌는 모습에 놀라며 진정한 나홀로 여행의 즐거움을 깨닫는다.

두근두근 혼자 떠나는 일본여행
나홀로 여행 2

다카기 나오코 글·그림 | 윤지은 옮김 | 152쪽 | 10,000원 | 신국변형

다카기 나오코의 두 번째 나홀로 여행 이야기! 이번 편에서는 기차와 배, 비행기 등으로 일본을 남북으로 가로지르며 더 풍부해진 나홀로 여행을 즐긴다. 침대특급열차를 타고 떠나는 하코다테 여행과 페리를 타고 떠나는 시코쿠 우동 여행, 밤하늘의 은하수에 흠뻑 빠지는 오키나와 여행까지. 그녀의 생생한 '맨땅에 헤딩' 스토리를 보고 있노라면, 아무 정보 없이 일단 한번 떠나볼까 하는 충동이 거침없이 일 것이다.

집밥, 외식, 가끔은 여행식
식탐 만세!

다카기 나오코 글·그림 | 채다인 옮김 | 144쪽 | 11,000원 | 신국변형

다카기 나오코가 이번엔 본격 '인생 먹부림' 이야기로 돌아왔다! 그녀의 인생에 굵게 한 획을 그은 음식 리스트를 찬찬히 살펴보면 어째 좀 수상한 기운이 느껴진다. 돈테키, 날계란 밥, 인스턴트 냉라멘에 오징어젓갈, 딸기 맛 초콜릿? 실망감도 잠시 이 특별할 것 없는 음식들에 곁들어진 그녀의 인생 한 스푼에 울고 웃다 보면, 내 인생의 '소울푸드'란 무엇이었는지 진지하게 되묻게 된다.

해외 마라톤 Run Run! 뛰고 먹고 마시고 즐기고

펴낸날	초판 1쇄 2016년 9월 1일

지은이	다카기 나오코
옮긴이	윤지은
펴낸이	심만수
펴낸곳	(주)살림출판사
출판등록	1989년 11월 1일 제9-210호

주소	경기도 파주시 광인사길 30
전화	031-955-1350 팩스 031-624-1356
홈페이지	http://www.sallimbooks.com
이메일	book@sallimbooks.com

ISBN	978-89-522-3461-2 17690

※ 값은 뒤표지에 있습니다.
※ 잘못 만들어진 책은 구입하신 서점에서 바꾸어 드립니다.

이 도서의 국립중앙도서관 출판시도서목록(CIP)은 서지정보유통지원시스템 홈페이지
(http://seoji.nl.go.kr)와 국가자료공동목록시스템(http://www.nl.go.kr/kolisnet)에서
이용하실 수 있습니다.(CIP제어번호: CIP2016019931)

책임편집·교정교열	송두나

이번 일은 어느 정도 진전이 됐어?
어... 마라톤으로 말하자면 아직 스타트 지점에 서지도 않은 정도...
원고 고맙습니다.
마라톤으로 말하자면 이제 반환점에 왔어요!!
후~ 마라톤으로 말하자면, 지금 30km 지난 정도려나...
가장 힘든 부분이야... 으으...
드디어 골 지점 입니다~!!
끝까지 잘 달렸어!!
자아, 포상맥주를 마십시다~!!
와~
일도 마라톤에 비유하기 일쑤인 사람들...

제 발은
양쪽 다
검지발가락이
살짝 길기
때문에….

검지발가락
발톱이
아프곤 해요.

아
야
야….

긴
거리를
달리면요….

딱
5mm만
짧아주면
안 되나~

아아~
진짜
검지발가락
이놈

저의
소박한
소원
이에요….

으
헤
헤….

그 김에
키도
5mm 정도
커졌으면
좋겠다….